EKKEHARD MARTENS

EINFÜHRUNG IN DIE DIDAKTIK DER PHILOSOPHIE

DIE PHILOSOPHIE

Einführungen in Gegenstand, Methoden und Ergebnisse
ihrer Disziplinen

1983
WISSENSCHAFTLICHE BUCHGESELLSCHAFT
DARMSTADT

EKKEHARD MARTENS

EINFÜHRUNG IN DIE DIDAKTIK DER PHILOSOPHIE

1983
WISSENSCHAFTLICHE BUCHGESELLSCHAFT
DARMSTADT

CIP-Kurztitelaufnahme der Deutschen Bibliothek

Martens, Ekkehard:
Einführung in die Didaktik der Philosophie /
Ekkehard Martens. – Darmstadt: Wissenschaftliche
Buchgesellschaft, 1983.
(Die Philosophie)
ISBN 3-534-08543-4

12345

Bestellnummer 8543-4

Satz: Maschinensetzerei Janß, Pfungstadt
Druck und Einband: Wissenschaftliche Buchgesellschaft, Darmstadt
Printed in Germany
Schrift: Linotype Garamond, 9/11

ISSN 0174-0997
ISBN 3-534-08543-4

INHALTSVERZEICHNIS

VORBEMERKUNG

Seit mein Buch ›Dialogisch-pragmatische Philosophiedidaktik‹ 1979 erschienen ist, hatte ich zahlreiche Gelegenheiten zum Weiterlernen im Unterricht an der Schule, in Lehrveranstaltungen an der Universität und in Fachgesprächen. Auch haben sich unterdessen die Aktivitäten auf dem Gebiet der Philosophiedidaktik verstärkt. Für Anregungen, Ermunterung, Kritik und Erfahrungsaustausch danke ich den Schülern, Studenten, Lehrern und Fachkollegen (u. a. Henstra 1980; Heintel 1981; Rehfus 1982; Stüben 1982; Riegels 1983). Das vorliegende Buch versucht das Gelernte zu verarbeiten. Es markiert eine Zwischenstation meiner Beschäftigung mit philosophiedidaktischen Problemen, insofern es das Konzept einer konstitutiven Philosophie-Didaktik noch stärker theoretisch verdeutlichen soll, vor allem an Platon und an der Kontroverse Garve – Kant, und die praktischen Konsequenzen für ein dialogisch-pragmatisches Philosophieren weiter verfolgt. Die Defizite mögen dadurch in einem milderen Licht erscheinen, daß die Arbeit auf dem Gebiet der Philosophiedidaktik eher noch in den Anfängen steckt. Nach der vorliegenden Zwischenbilanz möchte ich in Zukunft mehr auf praktischer Ebene didaktisches Wissen und Können miteinander verbinden und die entfremdete Arbeit an Schule und Hochschule, bei der sich die Philosophierenden in „ihrer" Philosophie nur mühsam wiederfinden können, zumindest ein wenig zu überwinden versuchen. Ich hoffe dabei weiterhin auf die Zusammenarbeit mit Freunden und Kollegen, die ähnliche Anstrengungen unternehmen.

Gerd B. Achenbachs kritischen Anmerkungen zur ersten Fassung des Buches habe ich es vor allem zu verdanken, wenn die vorliegende Fassung lesbarer geworden ist. Danken möchte ich auch Arnold K. D. Lorenzen und Roland Lambrecht für ihre hilfreiche Durchsicht des Manuskripts. Frau Neudeck schließlich danke ich für die sorgfältige Herstellung des Typoskripts.

I. PHILOSOPHIE UND DIDAKTIK

1. Didaktik-Praxis und Didaktik-Theorie

Eine Einführung in die Didaktik der Philosophie läßt sich im Unterschied zu den klassischen Disziplinen wie Metaphysik, Ethik, Logik, Erkenntnistheorie oder Sprachphilosophie nicht ohne weiteres dem Reihentitel ›Die Philosophie – Einführungen in Gegenstand, Methoden und Ergebnisse ihrer Disziplinen‹ zuordnen. Unklar ist nämlich, ob es sich bei der Didaktik der Philosophie überhaupt um eine philosophische Fachdisziplin handelt und ob es eine eigene Fachdisziplin gibt oder auch nur geben sollte. Zunächst einmal könnte eine Didaktik der Philosophie wie andere Fachdidaktiken auch als erziehungswissenschaftliche Teildisziplin aufgefaßt werden: ein gegebener Wissensbestand wird nach allgemeinen didaktischen Prinzipien für bestimmte Lernzwecke eingerichtet und in unterrichtspraktischen Übungen vermittelt. Eine derartige Auffassung bringt jedoch die Schwierigkeit mit sich, daß keineswegs unumstritten ist, was eigentlich Philosophie und was Didaktik ist, und vor allem, wie beides zusammenhängt. Läßt sich wirklich Didaktik als äußerliches Instrument der Philosophie hinzufügen, unabhängig vom Stoff, der bearbeitet werden soll? Gehört die Frage nach ihrer eigenen Vermittlung nicht seit jeher zur Philosophie, angefangen bei Platon? Diesen Fragen wird im folgenden noch gründlich nachzugehen sein. Immerhin kann man schon jetzt behaupten, daß Didaktik der Philosophie nicht nur eine erziehungswissenschaftliche, sondern auch eine philosophische Teildisziplin ist. Nicht nur die eigene Tradition der Philosophie und ihre Reflexivität, die sich auch auf die eigene Vermittlung bezieht, sprechen dafür, sondern auch das Einteilungsprinzip der „Bindestrich-Philosophie" (Lübbe 1978, S. 135f.). Wie jeder Gegenstandsbereich, kann auch Didaktik der Philosophie philosophisches Arbeitsgebiet und, bei entsprechender Intensität in Lehre und Forschung, philosophische Teildisziplin werden. Die institutionelle Zuordnung der Didaktik der Philosophie gibt noch weniger Probleme auf. Die Sach- und Fachzuordnung ließe sich am ehesten in interdisziplinärer Zusammenarbeit von Philosophie, Erziehungswissenschaft und ihren Hilfsdisziplinen organisieren.

Sollte es aber überhaupt Didaktik der Philosophie als eigene Disziplin geben? Will man nicht die verschiedenen Lernorte der Philosophie einer naturwüchsigen Didaktik-Praxis überlassen, scheint in der Tat eine eigene Fachdisziplin als Didaktik-Theorie notwendig zu sein. Der traditionelle Lernort für Philosophie (vgl. Geldsetzer 1974) ist das Philosophie-Seminar an den Universitäten oder Hochschulen mit den „reinen" Fachstudenten (Promotion, Magister, Diplom im Haupt- und Nebenfach), mit den Resten von Philosophicums-Kandidaten (Zwischenprüfung in Philosophie innerhalb des Studiums für das Höhere Lehramt; in einigen Bundesländern wird Philosophie auch als möglicher Bestandteil eines „Begleitstudiums" im Ersten Staatsexamen abgeprüft) und schließlich, neben den „freien Liebhabern" aus allen möglichen Fächern, mit den Studenten, die Philosophie als Unterrichtsfach studieren. Die zuletzt genannte Gruppe ist auf einen weiteren Lernort ausgerichtet, das Gymnasium. Dieser Lernort hat in den romanischen und in einigen nordischen Ländern sowie in Österreich bereits eine längere Tradition zu verzeichnen (UNESCO 1953; Fey 1978); in der Bundesrepublik wurde der Philosophieunterricht erst 1972 mit der Reform der gymnasialen Oberstufe durch Kultusministerbeschluß (erneut) eingeführt (KMK-Vereinbarung 1972; Martens 1979, S. 6, S. 21–24; Elzer u. a. 1980; einzelne Berichte in der ›Zeitschrift für Didaktik der Philosophie‹ = ZDP). Philosophie ist seitdem, in unterschiedlicher Regelung gemäß der Kulturhoheit der einzelnen Bundesländer, ein ordentliches, abiturfähiges Unterrichtsfach geworden. Auf einen größeren Personenkreis als der zweite und erst recht als der erste Lernort bezieht sich der dritte, die Philosophie in den unteren Schulklassen in sämtlichen Schularten, der „Ethikunterricht" (Bayern, Rheinland-Pfalz, Hessen, Baden-Württemberg, Saarland), „Werte und Normen" (Niedersachsen) oder „Philosophie (philosophische Propädeutik)" (Schleswig-Holstein) als Pflichtalternative für Religionsabmelder bereits von der fünften Klasse an (ZDP 3/1979; 3/1981). Die starre und unsachgemäße Fächereinteilung durchstößt der vierte, noch allgemeinere Lernort, Philosophie als durchgängiges Unterrichtsprinzip. Nach der gymnasialen Oberstufenreform von 1972 „sollen" philosophische Fragen – andere, etwa soziologische oder politologische, werden nicht genannt – in sämtlichen Fächern bzw. Aufgabenfeldern „berücksichtigt" werden (Holzapfel 1976). Ferner lassen sich in der Formulierung der Lernziele nahezu sämtlicher Schulfächer bereits in den unteren Jahrgangsklassen sowie in sämtlichen Schularten Forderungen finden, die nicht ohne Philosophie einzulösen sind oder unmittelbar philosophischen Charakter haben. Auf einen noch weiteren Personenkreis zielt der fünfte Lernort, Philosophie in der Erwachsenenbildung: an den Volkshochschulen, in der von den Universitäten per Gesetzesauftrag zu leistenden nichtakademischen Erwachsenenbildung sowie im „Bildungsurlaub", auf den Angestellte und Arbeiter in einigen Bundesländern gesetzlichen Anspruch haben. Nicht in das institutionalisierte Bildungssystem einbezogen ist der sechste Lernort, die öffentlichen Medien, etwa die Dritten Programme von Rundfunk und Fernsehen, die Feuilletons und Zeitschriften. Als „geheimer Miterzieher" übt dieser Lernort jedoch durchaus einen erzieherischen oder bildenden Einfluß auf Schüler, Jugendliche und Erwachsene aus. Alle sechs genannten Lernorte beziehen sich auf den siebenten, nicht institutionalisierten und auch nicht institutionalisierbaren Lernort, auf die „Schule des Alltags". Jeder übernimmt oder entwickelt aus seinen individuellen und gesellschaftlich-politischen Bezügen von Familie, Erziehung und Beruf heraus eine bestimmte, meist nicht explizite und ungeprüfte „Lebensphilosophie". Diese „Lebensphilosophie" ist auch durch die anderen Lernorte mitgeprägt und prägt sie ihrerseits durch ihre Lernerwartungen, Interessen und Vormeinungen. In der faktischen Jedermannsphilosophie drückt sich das Spannungsverhältnis zwischen dem traditionell erhobenen Universalitätsanspruch der Philosophie und dessen Einlösung am schärfsten aus. Daß die didaktische Praxis von Philosophie auch eine reflexive Aufarbeitung erfordert, dürfte sich bereits aus den genannten Lernorten ergeben, aber auch aus der Lehr- oder Vermittlungspraxis der Philosophie selbst. Ihre Selbstdarstellung krankt besonders gegenwärtig an ihrer eigenen „Sinnkrise". Sie ist wie kaum zuvor uneins mit sich selbst, was sie eigentlich ist und soll (Lübbe 1978). Daher kann die traditionelle, akademische Philosophie nur unbefriedigend auf die „Sinnkrise" der faktischen, gelebten Philosophie reagieren, entweder in Abwehr einer als unzumutbar empfundenen „Lebenshilfe" oder (zugleich) mit einer Flucht in ihre eigene Geschichte, schließlich auch durch Anpassung an den Wissenschaftsbetrieb der Institution Universität.

Worin aber die Aufgaben einer Didaktik eigentlich bestehen, darüber herrscht selbst unter Didaktikern keine Übereinstimmung. Daher lassen sich auch nicht ohne weiteres von einer Didaktik-Praxis her Aufgaben für eine Didaktik-Theorie ablesen. Eine Entscheidung über die Kriterien für „Didaktik" läßt sich, wie bei „ Philosophie", nicht ohne Rückgriff auf das geschichtlich gewachsene Selbstverständnis der Didaktiker fällen. Das aus dem Griechischen διδάσκειν (lehren; in der Passivform: lernen) stammende Wort „Didaktik" findet man zum ersten Mal als pädagogischen Terminus 1613 in einem Bericht über die pädagogischen Vorschläge W. Ratkes; es wird dort mit „Lehrart" oder „Lehrkunst" im Sinne methodischer Unterrichtsanweisungen übersetzt (Klafki 1972). Eine über „Methodik" hinausgehende Bedeutung erhält der Terminus 1657 in der ›Didactica Magna‹ des J. A. Comenius. Comenius leitet dort von seiner Ordo-Lehre einer göttlichen, einsehbaren Weltordnung her Ziele, Inhalte und Methoden des Unterrichts sowie den Aufbau der Schule insgesamt ab.

Beide Bedeutungen von „Didaktik", einmal als „Methodik" zur Vermittlung vorgegebener Fachinhalte in einem vorgegebenen Lehrplan und Bildungssystem, sodann verstanden auch als Frage nach Zielen, Auswahl der Inhalte und nach dem angemessenen Bildungssystem, stehen sich bis in die gegenwärtige Diskussion hinein gegenüber. Sie erfüllen die unterschiedlichen Bedürfnisse nach unmittelbarer Anleitung pädagogischer Praxis einerseits und nach Absicherung oder Kritik der leitenden Vorannahmen eben dieser Praxis andererseits. Eine Ausblendung dieser faktisch immer vorhandenen Vorannahmen widerspräche zweifellos dem Selbstverständnis von Philosophie. Ein Ausgang von ungeprüften Vorannahmen wäre daher auch für eine Didaktik der Philosophie unannehmbar und kann auch für keine andere Fachdidaktik wünschenswert sein. Daher soll im folgenden „Didaktik" immer im weiteren Sinne verstanden werden, strenggenommen sogar als „Philosophie der Didaktik". Diese strengere Fassung ist notwendig, da die bloße Explizierung der leitenden didaktischen Vorannahmen die Frage nach deren Richtigkeit unbeantwortet läßt. So fordert etwa Saul B. Robinsohn 1967 zwar eine „Bildungsreform als Revision des Curriculum" (Robinsohn 1972), findet aber auf der Zielebene keine befriedigende Lösung des „Werturteilsstreites" jenseits eines Dezisionismus oder eines Szientismus, der mit Hilfe empirischer Erhebungen faktische Zielvorgaben von Wissenschaft, Gesellschaft und Politik feststellt. Eine Zielreflexion didaktischer Praxis leisten noch am ehesten die bildungstheoretischen Didaktik-Modelle, auch in ihrer materialistischen und kommunikationstheoretischen Variante, weniger dagegen die auf bloße Effektivität ausgerichteten informationstheoretischen Modelle, sowie nur zum Teil die lerntheoretischen Modelle, insofern sie die lernpsychologischen, soziologischen, politischen und anthropologischen Voraussetzungen von Unterricht und Unterrichten auch in ihrem normativen Gehalt kritisch prüfen (Blankertz 1969; ferner die Diskussion in ›Westermanns Pädagogische Beiträge‹, Heft 1–6, 1980).

Selbst eine „Philosophie der Didaktik", eine Reflexion auf die leitenden Vorannahmen der Didaktik-Praxis, reicht aber noch nicht aus. Sie kann zunächst lediglich zu einem verbesserten Wissen *über* die Didaktik-Praxis, nicht aber zu einem verbesserten Können *in* ihr beitragen. Sie ist notwendige, aber nicht hinreichende Voraussetzung für eine verbesserte Praxis. Sicher, wer über die leitenden Vorannahmen seines Handelns, einschließlich der gesellschaftlich-politischen Bedingungen, nicht einmal weiter nachgedacht hat, kann sein eigenes Handeln nicht verbessern (wenn man es nicht als Dressur-Verhalten betrachtet). Er kann es aber auch nicht schon allein durch Nachdenken verbessern, wie ein „sokratischer Intellektualismus" anzunehmen scheint. Notwendig ist vielmehr auch die konkrete Vermittlung von Theorie und Praxis. Dabei aber muß man zunächst wieder die theoretische Ebene betreten und überlegen, wie diese konkrete Vermittlung geschieht oder geschehen soll, und etwa die philosophische Handlungstheorie, aber vor allem lernpsychologische, gruppendynamische und interaktionistische Theorien heranziehen. Der wichtigste Teil der konkreten Theorie-Praxis-Vermittlung ist jedoch das Einüben eines didaktischen Könnens, wie man in einer gegebenen Situation Lehr- und Lernprozesse anregen, strukturieren und verbessern kann (Heintel 1978; Schulz 1980). Hierzu bedarf es auch einer Einübung in die Urteilskraft, die allgemeine Prinzipien auf den Einzelfall anzuwenden vermag und umgekehrt von einem Besonderen ausgehend das allgemeine Prinzip erkennt, und es bedarf einer Einübung situationsgerechten Verhaltens oder Handelns. Didaktik umfaßt Theorie und Praxis, Wissen und Können. Bereits im Wortsinn von „Didaktik“, ähnlich bei „Pädagogik“, „Medizin“, „Theologie“ oder „Psychologie“, ist die theoretische und praktische Seite von Wissen enthalten, wie auch im griechischen „episteme“ oder in einigen älteren deutschen Redewendungen („er weiß sich zu benehmen“, „er versteht etwas von seinem Handwerk“ usw.). Eine Didaktik der Philosophie als eigene Disziplin sollte es also nur dann geben, wenn sie nicht als Spezialistenwissen einer Trennung von didaktischem Wissen und Können Vorschub leistet, sondern beides theoretisch und praktisch miteinander zu verbinden versucht. Auch sollte sie sich nicht auf eine Schuldidaktik reduzieren lassen, sondern auf die Vielheit und Verknüpfung der verschiedenen Lernorte eingehen.

Ist aber Didaktik der Philosophie bereits eine eigene Fachdisziplin? Die zahlreichen Publikationen weisen die Didaktik der Philosophie zweifellos als einen eigenen Gegenstand der philosophischen und der pädagogischen Fachwissenschaft aus (Vogel/Stiegler 1980). Von einer Fachdisziplin kann man jedoch erst dann reden, wenn ein institutionell abgesicherter Forschungs- und Lehrbetrieb hinzukommt, dem die scientific community einen eigenen Platz einräumt. Hierfür lassen sich bereits einige Anzeichen nennen (siehe auch den Situationsbericht von Lorenzen/Martens 1982). Didaktik der Philosophie nimmt an etlichen Universitäten der Bundesrepublik feste, auch prüfungsrelevante Stundenanteile im philosophischen, weniger im erziehungswissenschaftlichen Studienplan ein (Detel/Martens/Schnädelbach 1980). Das entsprechende Lehrdeputat wird in der Regel nur durch Lehrbeauftragte, meistens Schulpraktiker, abgedeckt. Eigene Professuren gibt es bislang im deutschsprachigen Raum lediglich in Klagenfurt und Hamburg. Seit 1979 existiert für didaktische Fragen der verschiedenen Lernorte als eigenes Publikationsorgan die ›Zeitschrift für Didaktik der Philosophie‹; in den USA erscheinen seit 1976 die fachdidaktischen Zeitschriften ›Teaching Philosophy‹ und seit 1979 ›Thinking. A Journal of

Philosophy for Children‹; aber auch fachphilosophische Zeitschriften wie die ›Allgemeine Zeitschrift für Philosophie‹, die ›Zeitschrift für philosophische Forschung‹, das ›Philosophische Jahrbuch‹ sowie vor allem ›Metaphilosophy‹ widmen seit einigen Jahren didaktischen Fragen vermehrte Aufmerksamkeit. Das Periodikum ›Aufgaben und Wege des Philosophieunterrichts‹ und seit 1979 das Nachfolgeorgan ›Philosophie-Anregungen für die Unterrichtspraxis‹ behandeln eher nur methodische Fragen für das Gymnasium. Als Diskussionsforum dienen auch die Philosophie-Kongresse der „Allgemeinen Gesellschaft für Philosophie“ (siehe die Kongreßakten).

Zwar haben sich die Philosophen seit jeher mit Vermittlungsproblemen ihres Faches oder ihrer Lehre beschäftigt, beginnend mit Platon bis hin zu Kants Vorlesungsankündigung von 1765/66 und seinen Didaktik- und Methodenkapiteln in den Hauptschriften; von einer expliziten Didaktik der Philosophie aber, und auch nur eingeschränkt auf das Gymnasium, kann bei uns erst im Zuge der Gründung des preußischen Gymnasiums Anfang des 19. Jahrhunderts die Rede sein, beginnend mit Hegels beiden Gutachten zum Philosophieunterricht von 1812 und 1822. Vor allem in der neueren Diskussion lassen sich recht grob zwei Haupttendenzen unterscheiden. Einmal wird die Philosophie als Bildungsgut eigenen Wertes mit ihren großen Denkern und Texten, Hauptströmungen, Grundproblemen, zentralen Begriffen und Denkweisen sowie in den Denkgebäuden ihrer Geschichte für bestimmte Lehrzwecke eingerichtet, in der Annahme, daß Philosophie durch einen mehr oder weniger ungebrochenen Rückgriff auf die Tradition zu einer Gesinnungsschulung (Richert 1920, 1922; Liebert 1927) zu einer Identitätsbildung (Rehfus 1980), zu einer Orientierungshilfe (Ballauff 1956; Oelmüller/Dölle 1977 ff.) oder zu einer Seinserhellung (Püllen 1958; Schmucker-Hartmann 1980) beitragen kann; in einigen Aufsätzen, Unterrichtsbüchern und neueren Lehrplänen kommt die Hoffnung auf Denkschulung hinzu. Die andere Haupttendenz plädiert für ein problem- und schülerorientiertes Philosophieren. Nicht „die“, ohnehin nicht oder nie vorliegende Philosophie soll auf Schülerniveau heruntertransformiert werden, sondern die Schüler sollen, auch mit Hilfe vorliegender Dialogbeiträge des traditionellen Tat-Bestandes an Philosophie, zu einer eigenen Tätigkeit des Philosophierens angeregt und befähigt werden. Dieser Ansatz wurde, noch stärker traditionsorientiert, von Derbolav (1964) initiiert, von Lassahn (1972) aufgegriffen und von Heintel (1979, 1980), Heintel/Macho (1983) und Martens (1979) fortentwickelt. Die beiden skizzierten Hauptansätze sind bisher nur in Einzelfällen zu umfassenderen Theoriebildungen ausgearbeitet worden. Institutionell gesehen besteht hierzu in der Bundesrepublik erst mit der Einführung des Philosophieunterrichts 1972 ein stärkerer Forschungsanreiz, parallel gefördert durch die von Robinsohn angeregte Curriculumrevision (Robinsohn 1972).

Ein anderes Motiv für philosophiedidaktische Forschung, das eher nur auf die Hochschuldidaktik zutrifft, ist die ungesicherte Stellung des Faches Philosophie innerhalb der Hochschule sowie der Gesellschaft insgesamt (Martens 1979, S. 12–15). Der Lernort Philosophie in den unteren Klassen findet für den Ethikunterricht in den entsprechenden Lehrplänen und Unterrichtsbüchern sowie in einigen Einzelarbeiten Beachtung (Höffe 1979; Köck 1979). Für eine "Philosophy for Children" ist in den USA sogar ein eigenes Institut eingerichtet worden (u. a. Lipman 1976; Matthews [2]1982). Mit „Kinderphilosophie“ als Aufgreifen und Wachhalten eines ursprünglichen Frageimpulses, nicht (nur) als eigenes Fach, sowie als Orientierungsversuch durch eigenes Denken beschäftigen sich auch Didaktiker in der Bundesrepublik (Martens 1980a; Glatzel/Martens 1982; Köhler/Schreier 1982; Martens 1983a) sowie in Holland (Mostert 1981) und vor allem in Österreich (Camhy). Damit ist als nächster Punkt bereits Philosophie als durchgängiges Unterrichtsprinzip angesprochen (Engfer 1978; Steiner 1982). Philosophie in der Erwachsenenbildung ist Thema des Projektberichtes von Kommer/Lorenzen u. a. 1981 (vgl. Ballauff 1982). Den Forschungsstand zum nächsten Lernort, Philosophie in den öffentlichen Medien und in der Öffentlichkeit oder Gesellschaft insgesamt, repräsentieren die zahlreichen Veröffentlichungen zum Was-ist-und-soll-Philosophie-Thema (siehe die Bibliographie in Lübbe 1978), wenn auch seltener unter ausdrücklicher didaktischer Fragestellung. Den Bezug der akademischen Philosophie zum letzten Lernort, zur „Schule des Alltags“, untersuchen vor allem die Beiträge im Buch von Holzhey/Zimmerli: ›Esoterik und Exoterik der Philosophie‹ (1977).

Bisher liegen bereits viele fachdidaktische Einzeluntersuchungen und auch einige Theorieentwürfe vor, zudem zahlreiche Beiträge auf der Ebene der Didaktik-Praxis (unterrichtspraktische Einzelfragen, Unterrichtsmodelle und -medien, Richtlinien und Lehrpläne). Wünschenswert sind aber *erstens* mehr empirische Untersuchungen, etwa zur Motivation bzw. zum Schülerinteresse (Engert/Klein/Mohr 1976; Stopczyk/Cantzen 1980; Müller/Müller 1980), zum moralischen Urteilsniveau bei Schülern (Regenbogen 1979), zum begrifflichen Vorverständnis der Schüler (Kaiser 1969), zur Effektivität von Philosophieunterricht (Biermann 1976; Lipman/Sharp/Oscanyan [2]1980, S. 217–224; Annis/Annis 1979; Ross/Semb 1981; Seech 1981) und zu anderen Einzelfragen (u. a. Probleme der „Sprachbarriere“; Verhaltensänderung; altersspezifisches Abstraktionsvermögen; Synopsen und Analysen von Lehrplänen, institutionellen Regelungen und Unterrichtsmedien). *Zweitens* kann man feststellen, daß die Didaktik der Philosophie bis jetzt noch zu sehr auf die gymnasiale Oberstufe fixiert ist und die anderen Lernorte einer naturwüchsigen Didaktik überläßt, wenn auch bereits erste Ergebnisse hierzu vorliegen und weitere in Aussicht stehen. Ein *drittes* Defizit liegt darin, daß bei aller notwendigen Arbeit auf der Ebene der Didaktik-Praxis bisher umfassendere Theoriebildungen fehlen oder eher abgehoben von der Didaktik-Praxis in der „reinen" Philosophie verbleiben, zudem sind sie meist abgeschnitten vom interdisziplinären Kontext der Erziehungswissenschaft und ihrer Hilfsdisziplinen.

Vor dem Hintergrund der aufgezählten Defizite kann die vorliegende Einführung eher nur ein begrenztes Ziel verfolgen. Sie macht den Versuch, das Konzept einer konstitutiven Philosophie-Didaktik systematisch und historisch zu begründen und in einigen unterrichtspraktischen Konsequenzen zu erproben. Zunächst soll das Verhältnis von Philosophie und Didaktik als konstitutive, sich wechselseitig bestimmende Philosophie-Didaktik entwickelt werden. Dabei werden mehrere mögliche Verhältnisbestimmungen geprüft und die „entfremdeten Wissenschaften" Philosophie und Didaktik kritisiert *(I. Kapitel)*. Platons Idee einer Philosophie-Didaktik *(II. Kapitel)* kann als Norm eines nichtentfremdeten Philosophierens dienen, die historisch und systematisch den Anfang der (europäischen) Philosophie bildet. Diese Idee gilt es sowohl aus expliziten Äußerungen Platons zur Lehr-Lernbarkeit von Philosophie als auch durch Analyse seiner impliziten Philosophie-Didaktik, besonders im ›Theätet‹, zu rekonstruieren. Platon versteht Philosophie als problemlösenden Verständigungsprozeß unter der Leitidee des „guten Lebens": dialogisch-pragmatisch (Martens 1979). Von diesem Prozeß ist bei Platon niemand ausgeschlossen, jedenfalls im Prinzip nicht. Die Differenz von Idee und Wirklichkeit kann man jedoch bereits in Platons Ausführungen selber feststellen, erst recht in der Geschichte der Jedermannsphilosophie, besonders deutlich in der Kontroverse zwischen Garve und Kant über die Möglichkeiten einer „Popularphilosophie" *(III. Kapitel)*. Aus den vorangegangenen Kapiteln lassen sich dann Gesichtspunkte für die Didaktik-Praxis gewinnen, auch unter Einbeziehung lernpsychologischer Forschungsergebnisse *(IV. Kapitel)*. Schließlich möchte ich einige unterrichtspraktische Konsequenzen an einem eigenen Kurs-Beispiel „Jugendrevolte heute und die Sinnfrage" durchspielen *(V. Kapitel)*, nicht an einem übertragbaren Modell, sondern an kontingenten Lerngeschichten.

2. Konstitutive Philosophie-Didaktik

Eine Didaktik der Philosophie könnte als überflüssig erscheinen, allenfalls als nachträgliche Anwendungstechnik geduldet oder als schädliche Verkaufstechnik abgelehnt werden. Eine Didaktik der Philosophie könnte aus mehreren Gründen als *überflüssig* erscheinen. *Zunächst* könnte man jede Didaktik als überflüssig ansehen, verstanden als bloße (Lehre von der) Kunst des Lehrens. Zum Lehrer, zum Pädagogen müsse man geboren sein; ohne „pädagogisches Naturtalent" oder „Fingerspitzengefühl" könne man auch nicht das Lehren lernen. An diesem Begabungsargument ist das Beharren auf dem didaktischen Können sicher berechtigt, zweifelhaft aber ist die Annahme, daß es sich hierbei um eine angeborene Fähigkeit handele. Versteht man unter didaktischem Können eine Kommunikationsfähigkeit in der sprachlichen Darstellung, im Eingehen auf andere Personen und im Strukturieren von Lern- oder Erkenntnisprozessen, so mag diese Fähigkeit auch von generellen, empirisch jedoch bislang kaum belegbaren Charaktereigenschaften abhängen. So muß ein „guter Lehrer" eher extrovertiert als introvertiert, eher personen- und weltzugewandt als in sich gekehrt sein. Diese Eigenschaften sind aber recht vage, zudem weitgehend abhängig von Umwelteinflüssen. Zu dem Zeitpunkt, wo sich die Frage der Lehrerausbildung stellt, sind die zukünftigen Lehrer oder Dozenten in der Tat eine bestimmte „Lehrerpersönlichkeit", die jedoch durchaus noch formbar ist (Brück 1978).

Das Begabungsargument kehrt in einem *zweiten* Grund wieder, mit dem man eine Didaktik der Philosophie als überflüssig ablehnen könnte, und es ist ähnlich zu entkräften. Weder die fehlende oder mangelnde pädagogische, didaktische noch die philosophische Begabung lasse sich durch Lehren und Lernen erzeugen. Man sei nicht nur ein geborener Didaktiker, sondern auch ein geborener Philosoph oder man sei es eben nicht. Bei diesem Argument beruft man sich gerne, wenn auch mißverständlich, auf Fichte. In seiner ›Ersten Einleitung in die Wissenschaftslehre‹ von 1797 scheint Fichte die Unterscheidung zwischen Dogmatikern und Idealisten oder zwischen Nichtphilosophen und Philosophen letztlich auf Charaktereigenschaften zurückzuführen: „Zum Philosophen – wenn der Idealismus sich als die wahre Philosophie bewähren sollte – zum Philosophen muß man geboren seyn, dazu erzogen werden, und sich selbst dazu erziehen: aber man kann durch keine menschliche Kunst dazu gemacht werden" (Fichte 1971, S. 435). Auch der beste Philosoph und Didaktiker, so lautet das Begabungsargument, müsse am philosophischen Unvermögen oder Unwillen seiner Schüler scheitern – das eigene Vermögen wird dabei stillschweigend vorausgesetzt. An diesem Argument ist richtig, daß zum Philosophieren ein praktisches Können gehört. Umstritten jedoch ist daran analog zum ersten Argument die Behauptung eines angeborenen, dem Lernen oder der Einübung entzogenen Könnens. Auf die Frage, inwiefern Philosophie oder Philosophieren überhaupt lehr- und lernbar ist, soll in einem der nächsten Abschnitte noch näher eingegangen werden. Auf jeden Fall kann man das zweite Überflüssigkeits-Argument schon jetzt wegen seines unzureichenden Begabungsbegriffs zurückweisen.

Nach einem *dritten* Argument ist jede Didaktik, und erst recht Didaktik der Philosophie, überflüssig, weil es beim Studium oder Lernen von Philosophie allein um „die Sache selbst" gehe, eben um „die Philosophie". Eine souveräne Sachkenntnis auf der Seite der Lehrenden und ein Sachinteresse auf der Seite der Lernenden mache Philosophie so durchsichtig, klar verständlich einerseits und so attraktiv, interessant andererseits, daß sich Didaktik als Verständnis- und Motivationshilfe erübrige. Dieses Argument ebnet jedoch den traditionellen Unterschied zwischen dem, „was von Natur aus früher" und dem, „was für uns früher" ist (Aristoteles, Physik A 1), zwischen ordo essendi und ordo cognoscendi oder zwischen Erkenntnis als Gegenstand und als Vorgang ein. Am Ziel vergißt man gerne die Mühen des Weges, auch der Irrwege. Doch weder weiß man bei der Philosophie, ob man (jemals) am Ziel oder (immer) noch auf dem Wege ist, noch sind die Lehrenden wie selbstverständlich am Ziel, vielleicht nicht einmal auf dem richtigen Weg. Sachkenntnis und -interesse sind zwar notwendige, aber keine hinreichenden Bedingungen für das Lehren und Lernen von Philosophie. Didaktische Vermittlungspraktiken sollen und können zwar Sachkenntnis und -interesse nicht ersetzen, daraus folgt aber nicht, daß sie überflüssig wären.

Nach einem *vierten* und letzten Argument schließlich ist Philosophie ihre eigene Didaktik. Während für jede andere Wissenschaft Aufgaben, Gegenstandsabgrenzung und Methodenwahl vorweg geklärt sein müssen, wenn sie erfolgreich an die Arbeit gehen wolle, könne die Philosophie diese Klärung keiner anderen Instanz überlassen. Sie sei nicht nur Wissen von jedem anderen Wissen, sondern auch Wissen von sich selbst. In der Tat haben Philosophen wie Platon, Kant oder Hegel über die Ziele, Inhalte und Methoden der Philosophie nachgedacht, in Anwendung ihrer reflexiven Grundbestimmung auf sich selbst. So gesehen ist Philosophie immer schon didaktisch verfaßt. Das Argument von der quasi-transzendental-didaktischen Verfaßtheit der Philosophie hat jedoch einen normativen, nicht einen deskriptiven Status. Aus dem Sollen folgt kein Ist – dies wäre ein normativer Fehlschluß, wie man analog zum naturalistischen Fehlschluß (wenn man aus dem Sein ein Sollen ableitet) sagen könnte. Nicht jeder, der Philosophie lehrt und lernt, reflektiert die Ziele, Auswahl der Inhalte und Bestimmung der Methoden und seine konkrete Vermittlungstätigkeit in gesolltem Ausmaß. Auch kann man Didaktik nicht auf eine derartige Reflexion reduzieren; sie wäre allenfalls Didaktik-(Meta-)Theorie.

Aus der Kritik der Überflüssigkeitsargumente kann man die zweite Verhältnisbestimmung von Philosophie und Didaktik ableiten, nach der Didaktik für Philosophie in einem zweiten Schritt hinzukommen könne, solange man eben mit faktischen Lernproblemen rechnen müsse. Didaktik wäre für Philosophie bloß *nachträglich*. Wichtigkeit und Richtigkeit der Philosophie stünden bereits vor dem Prozeß des Philosophierens fest. Lediglich für ihre Außendarstellung bedürfe es gewisser Zurichtungen: Lern- und Motivationspsychologie, Rhetorik, Unterrichtstechnologie („Trickkiste"), Kommunikations- und Verhaltenstraining. Nach dem didaktischen Deduktionsschema stellen die Fächer, hier die Philosophie, das Sachwissen zur Verfügung, liefert die Allgemeine Didaktik die Vermittlungstechniken und wendet die Fachdidaktik das Wissen auf den Fachunterricht an. Selbst wenn man Didaktik nicht auf die technische Vermittlungsebene reduziert, sondern auf die Ziele und Auswahl der Inhalte des Unterrichts ausdehnt, bleibt es nach dieser Verhältnisbestimmung bei einer nachträglichen Vermittlung. Die Sache, hier die Philosophie, steht nach einer immanenten Sachlogik fest, sie wird lediglich nachträglich bestimmten Auswahl- oder Anwendungskriterien unterzogen.

Didaktische Anforderungen können auch für die Philosophie *schädlich* sein, wie die dritte Verhältnisbestimmung lautet. Tricks können „faule" Tricks sein; man „verklickert" dem anderen etwas, simplifiziert, verfälscht die Inhalte, „die Sache". Der Lehrende nimmt aus vermeintlicher Menschenliebe durch popularisierende Aufbereitung Rücksicht auf die Aufnahme- und Denkfähigkeit des Lernenden und akzeptiert dessen faktisches Interesse sowie faktischen Bewußtseins- und Artikulationsstand als Norm für das, was philosophisch wichtig und richtig ist. Man schaut den Leuten nicht nur, lutherisch gesprochen, „aufs Maul", sondern man redet ihnen auch nach dem Munde. Die „didaktische Rücksichtnahme" (Kambartel 1979) aus vermeintlicher Menschenliebe paart sich häufig mit der Auffassung, daß Philosophie für die meisten zu schwer, vielleicht auch nicht für alle wichtig sei. Allenfalls könne man ihnen eine „philosophische Propädeutik", eine Vor-Philosophie zukommen lassen. Menschenliebe wäre hier aber im Grund genommen Menschenverachtung. Indem man vorgeblich auf die Lernenden eingeht, nimmt man sie gerade nicht ernst und hilft ihnen nicht weiter. In diesem Sinne ist Didaktik tatsächlich schädlich für Philosophie. Zu klären wäre jedoch, ob didaktische Anforderungen für Philosophie immer schädlich sein müssen, weil sie eben für die meisten Menschen zu schwierig oder unverständlich ist und bleibt, oder ob sich bei einer derartigen Behauptung nicht zwei faktische Normen, die der Lernenden in ihrem alltagsphilosophischen Vorverständnis und die der Lehrenden in ihrem fachphilosophischen Vorverständnis, unvermittelt gegenüberstehen und beide Seiten, Exoterik und Esoterik, aneinander vorbeireden.

Der Vorwurf, Didaktik müsse für Philosophie schädlich sein und sei bloß äußere Verkaufstechnik oder schlechte Rhetorik, läßt sich bis auf die Kontroverse zwischen dem platonischen Sokrates und den Sophisten zurückverfolgen. Bezogen auf unsere konkrete, gesellschaftliche Situation hat ihn am deutlichsten Theodor W. Adorno diskutiert. In der mit Max Horkheimer entworfenen „Kritischen Theorie“ wendet sich Adorno gegen ein Denken, das die Wirklichkeit auf einen einfachen Nenner, auf simple, einseitige Begriffe bringt, um sie somit leichter für beliebige Zwecke einsetzen zu können. In seiner ›Kritik der instrumentellen Vernunft‹ (1967) lehnt Horkheimer einen derartigen Versuch als zielblind oder bloß „zweckrational“ ab; er sei Ausdruck einer Gesellschaft, in der die Menschen zum Mittel für herrschende Zwecke gemacht würden.Das gesellschaftliche Ganze sei unwahr, da partikulare Interessen für das Gesamtinteresse ausgegeben werden und die bestehende Wirklichkeit als unveränderlich gilt. Gegen ein „affirmatives“, „positives“ oder „ontologisierendes“ Denken, das sich auf das Gegebene fixiert und es akzeptiert, entwickelt Adorno in seiner ›Negativen Dialektik‹ (1966) ein Denken, das sich den herrschenden Denk- und Sprachmustern nicht ausliefert. Philosophie könne die faktischen Kommunikationsmittel nicht akzeptieren. „Didaktische Rücksichtnahme“ wäre nach Adorno Ausdruck der Unwahrheit des gesellschaftlichen Systems.

Nur von dieser hier nur recht summarisch skizzierten Konzeption her läßt sich Adornos für manche Didaktiker recht hart und unversöhnlich klingende Kritik an der Didaktik gerecht beurteilen, aber auch in ihrer Verwechslung von Didaktik schlechthin und bestehender Didaktik ihrerseits als ontologisierendes Denken kritisieren. Versteht man unter Didaktik den Versuch, faktische Interessen sowie faktische Denk- und Sprachmuster nicht nur zum Ausgangs-, sondern auch zum normativen Endpunkt allen Philosophierens zu machen, so müßten wir sie mit Adorno in der Tat als schädlich ablehnen. Sie würde nicht Autonomie sondern Heteronomie verstärken, wenn auch unter dem Deckmantel von Demokratie und Liberalismus, und jedem sein Recht lassen, um es ihm aber gerade dadurch vorzuenthalten. Adornos Kritik an einer sich anbiedernden Didaktik oder an einer unkritischen Kommunikationsforderung ist daher bei aller Überspitzung im Kern zutreffend: „Kriterium des Wahren ist nicht seine unmittelbare Kommunizierbarkeit an jedermann. Zu widerstehen ist der fast universalen Nötigung, die Kommunikation des Erkannten mit diesem zu verwechseln und womöglich höher zu stellen, während gegenwärtig jeder

Schritt zur Kommunikation hin die Wahrheit ausverkauft und verfälscht" (Negative Dialektik, S. 49f.). Mißtrauen gegenüber der Didaktik, insbesondere der Didaktik der Philosophie, begründet Adorno nicht nur vom herrschenden Kulturbetrieb, sondern auch vom Schulbetrieb der Philosophie selbst her. In seiner Vorlesung ›Philosophische Terminologie‹ von 1962 sieht Adorno in der Tendenz zu festen Begriffen „ein Moment des Didaktischen" mit „Herrschaftsansprüchen", die sich auf „rhetorische Autorität" stützen; während die sprachliche „Darstellung" zur Philosophie selbst hinzugehöre, komme sie bei einer „Pädagogisierung" der Philosophie bloß „sekundär und äußerlich" zu ihr hinzu und ersetze sie sogar: „die Frage, wie man anderen Menschen etwas beibringt, wie man Menschen damit erreicht, wie man es kommuniziert, ersetzt die nach der Sache selbst oder nach der Wahrheit der Sache" (Adorno 1973, Bd. 1, S. 62f.). Ein Denken, das „die Verständlichkeit aller Dinge für alle im Sinne eines konsequenten Anpassungsprinzips glorifiziert", führt nach Adorno zur „Subalternität" (Bd. 2, S. 32).

Bei seinem Mißtrauen gegenüber der Didaktik der Philosophie zieht sich Adorno keineswegs auf die Behauptung der besonderen Schwierigkeit der Philosophie zurück. Vielmehr sieht er darin einen der „bequemsten Tricks", sich vor der Philosophie zu drücken und daraus eine „Denunziation der Idee und der Vernunft" abzuleiten (Bd. 2, S. 295). Verständnisschwierigkeiten sind nach Adorno entweder auf moralische Mängel oder auf überwindbare kognitive Barrieren zurückzuführen, auch beim als besonders esoterisch geltenden Hegel: „Es gibt nicht einen Schritt in der Hegelschen Philosophie, der nicht jemandem, der nicht von vornherein durch Widerstände und durch eine bestimmte Art des Vereidigtseins auf szientifische Vorstellungen es sich versagt, auch mitvollzogen werden könnte" (Bd. 2, S. 295).

Wenn man mit Adorno die Schädlichkeit einer Didaktik der Philosophie in einer subjekt-angepaßten schlechten Didaktik sieht, stellt sich notwendigerweise die Frage nach der angemessenen Vermittlung von Philosophie. Zu klären wäre, welcher Art genauer die von Adorno genannten „Widerstände" und das „Vereidigtsein auf szientifische Vorstellungen" sind und wie sie überwunden werden könnten. Beides führt Adorno zurück auf das kulturelle Umfeld im Erziehungsprozeß: „Abgewöhnt ward dem Denken von der Kultur, die es umstellt, die Frage, was all das sei und wozu – lax die nach seinem Sinn" (Negative Dialektik, S. 91). Die erkenntnistheoretische und normative, bewußte Fragehaltung der Philosophie setzt Adorno mit der vorbewußten Fragehaltung der Kinder prinzipiell gleich; sie werde ihnen jedoch durch unser Bildungssystem „ausgeprügelt": „ich glaube, daß ... wir eigentlich als Kinder alle Philosophen sind und daß uns in der

Tat durch unsere offizielle Bildung, die sich ja immer schon in den vergegenständlichten, branchemäßigen Formen abspielt, die Philosophie eigentlich ausgeprügelt wird" (Vorlesung zur Einleitung in die Erkenntnistheorie, S. 141). Wenn Adorno selber auch nur recht allgemeine Maximen einer „Erziehung zur Mündigkeit" aufstellt (siehe Adorno 1973), läßt sich aus seiner Philosophie dennoch ein didaktisches Konzept bis hin zur Vorschulerziehung entwickeln (Herrmann 1978, bes. S. 97ff.).

Die von Adorno geforderte und in seinen Schriften praktizierte, wenn auch nicht explizierte Didaktik der Philosophie läßt sich am ehesten in seiner Vorlesung ›Philosophische Terminologie‹ erkennen: als Vermittlung der Philosophie in ihren begrifflichen, historischen und gesellschaftlichen Momenten. In den meisten seiner Schriften allerdings schlägt Adornos berechtigte Kritik an einer Anbiederungs-Didaktik eher in eine Weigerung um, sich überhaupt auf die faktischen Voraussetzungen seiner Zuhörer oder Leser einzulassen. Daß Adornos didaktische Praxis seiner eigenen didaktischen Theorie oder Vorstellung nicht gerecht wird, macht seine Theorie nicht unwahr. Adornos praktizierte Didaktik-Verweigerung kann aber auch an einer Verwechslung der von ihm kritisierten vorfindbaren Didaktik mit Didaktik schlechthin liegen. Für Adorno ist offensichtlich *jede* Didaktik notwendigerweise schädlich: „Das Problem der immanenten Unwahrheit der Pädagogik ist wohl, daß die Sache, die man betreibt, auf die Rezipierenden zugeschnitten wird, keine rein sachliche Arbeit um der Sache willen ist. Diese wird vielmehr pädagogisiert" (Adorno 1969, Tabus über dem Lehrberuf, S. 73). Mit seiner umgekehrten Einseitigkeit, statt einer Subjekt- nun einer Objekt-Anpassung, denunziert Adorno jede Didaktik als „immanent unwahr". Damit verfällt Adorno selber der von ihm kritisierten ontologisierenden Redeweise. Er suggeriert, Lehren oder Didaktik (der Philosophie) müßten notwendigerweise schädlich sein. Die Gegenüberstellung der „Sache" und der „Rezipierenden" ist aber ihrerseits dogmatisch, insofern sie sich der konkreten Vermittlung des Objekts mit dem Subjekt und des Subjekts mit dem Objekt entzieht. Dadurch wird die Schädlichkeits-These ihrerseits schädlich, wenn auch zweifellos gegen Adornos generelle didaktische Intention.

Faßt man die bisher diskutierten drei Verhältnisbestimmungen von Philosophie und Didaktik zusammen, so kann man sehen, daß in ihnen ein mehrdeutiger, ungeklärter und auch widersprüchlicher Didaktik- und Philosophiebegriff vorliegt. Bei der *Überflüssigkeits*-These wird Didaktik einerseits als Naturtalent oder angeborenes praktisches Können verstanden, das durch Methodik nicht ersetzbar sei, andererseits als theoretisches Wissen oder Reflexion auf Ziele, Inhalte und Methoden, die Philosophie ohnehin schon leiste. Didaktik als Praxis und Philosophie als Theorie stehen sich unvermittelt gegenüber. Weder jedoch ist didaktisches Können unveränderbar gegeben noch wird Philosophie als Tätigkeit der Reflektierenden, als immanentes didaktisches Moment faktisch immer schon praktiziert. Didaktische Praxis bedarf philosophischer Kritik und ist veränderbar, philosophische Selbstreflexion als didaktische Selbstbesinnung muß erst in der Praxis geleistet werden. Bei der zweiten These, daß Didaktik für Philosophie allenfalls *nachträglich* sei, wird Didaktik auf Methodik reduziert; aber auch eine erweiterte Didaktik als Reflexion auf Ziele und Auswahl der Inhalte erscheint als bloße Anwendung vorgegebener, immanenter philosophischer Zielsetzungen und Gehalte. Wie sich Methodik und Reflexion zum praktischen Können verhalten, bleibt, wie in der ersten These, ungeklärt. Auch bei der *Schädlichkeits*-These werden Philosophie und Didaktik sowie didaktische Theorie oder Reflexion und didaktische Praxis je für sich getrennt. Alle drei Thesen gehen zudem gemeinsam von einem Urbild-Abbild-Verhältnis aus. Die Philosophie als Urbild, „Sache selbst" oder „Wahrheit" gilt es in didaktischen Prozessen abzubilden. Daß dabei das Abbild immer hinter dem Urbild zurückbleiben muß, versteht sich von selbst. Der zugrundeliegende Philosophiebegriff blendet jedoch bei der Reflexion auf das Objekt die Reflexion auf die reflektierenden Subjekte aus und berücksichtigt bei der Analyse der Argumente nicht die Argumentierenden; Didaktik (miß-)versteht sich als Abbilddidaktik.

Mit den reflektierenden, argumentierenden Subjekten wird die Objekt- oder Argumentationsebene der Philosophie als fertiges Produkt an den konkreten Prozeß von Reflektieren und Argumentieren zurückgebunden. Reflektieren und Argumentieren als theoretischer und praktischer Lehr- und Lernprozeß kann man als Didaktik bezeichnen, wenn man sie nicht auf bloße Methodik und nachträgliche Anwendung vorgegebenen Wissens reduzieren und dogmatisieren möchte. Ähnlich wäre auch Philosophie als fertiges Wissen vorgegebener Strukturen dogmatisch, da sie nicht ihre subjektiven Bedingungen, ihr Werden mit einbezieht. Philosophie bestimmt sich erst im didaktischen Prozeß. Philosophie und Didaktik stehen, so lautet die vierte Verhältnisbestimmung, in einem wechselseitigen Bestimmungsverhältnis zueinander, sie sind wechselseitig *konstitutiv* als Philosophie-Didaktik. Während Adorno zu Recht den Objekt-Bezug der Didaktik hervorhebt, bleibt bei ihm der Subjekt-Bezug der Philosophie noch uneingelöst. Überflüssig wäre Didaktik für die Philosophie aber tatsächlich erst dann, wenn man den Subjekt-Bezug der Philosophie konkret praktiziert und ihr nicht nachträglich oder sogar verfälschend anhängt.

Die geforderte konkrete Einlösung des konstitutiven didaktischen Moments der Philosophie muß auf theoretischer und praktischer Ebene geschehen. Einerseits muß man Argumente für die Behauptung einer konstitutiven Philosophie-Didaktik genauer erörtern, andererseits muß man eine Beziehung zwischen Didaktik-Theorie und Didaktik-Praxis praktisch herstellen können. Philosophieren als Lehr-Lernprozeß läßt sich *erstens* vom argumentativen Charakter der Philosophie her begründen. Im Unterschied zum Dogmatismus oder „Positivismus" des alltäglichen und einzelwissenschaftlichen Wissens und Handelns geht die Philosophie nicht von „gegebenen", festen Einsichten, Begriffen oder Positionen aus, sondern unterzieht diese gerade einer kritischen Prüfung, um so ein verbessertes, wenn auch kein endgültiges Wissen zu erreichen. Dieses verbesserte Wissen beruht nicht auf einseitiger Überredung, sondern auf wechselseitiger Überzeugung, auf einsichtigem Lernen. Über dieses kritisch-argumentative Moment, das sokratische „Rechenschaftgeben" als Grundnorm der (europäischen) Philosophie besteht unter den verschiedenen Richtungen der Philosophie weitgehende Übereinstimmung; Gilbert Ryle betont darüber hinaus den didaktischen, darlegend-begründenden Charakter *jeder* Theorie (vgl. Ryle 1969, S. 391 ff.).

Zweitens gehören zum Argumentationsprozeß nicht nur die Argumente, sondern auch die Argumentierenden, insofern sie zunächst überhaupt erst auf die Notwendigkeit einer näheren Prüfung ihrer Vormeinungen eingehen und sich zu einer Prüfung bereiterklären müssen. Weil die Prüfung der Argumente zugleich eine Prüfung der Argumentierenden sowohl im anfänglichen Entschluß als auch in jedem Einzelschritt des Philosophierens mit einschließt, kann man die Subjekt-Seite nicht als rein äußerliches Moment der Philosophie ansehen. Die Bewegung, die Motivation der philosophierenden Subjekte gehört wesentlich zur Philosophie hinzu. Ein Schüler- oder Adressatenbezug läßt sich daher nicht als isolierte didaktisch-methodische Frage behandeln, sondern folgt aus der Bestimmung von Philosophie selbst. Wie die erste Bestimmung des Rechenschaftgebens kann auch die Subjektbezogenheit als konsensfähig unterstellt, zumindest argumentativ dargelegt werden. Denn auch eine Philosophie des „Gegebenen", wie bestimmte Formen der Metaphysik, Ontologie, Wissenschaftstheorie oder Logik, können den Subjektbezug ihrer Reflexionen zwar ausblenden, aber nicht generell leugnen. Strittig ist allerdings, welches Gewicht man dem Subjektbezug beimessen und wie man ihn konkret einlösen soll und kann.

Ein *dritter* Grund, der für die Konstituierungsthese spricht, läßt sich von der Wissenschaftsgeschichte her gewinnen. Gegenüber der traditionellen, objektivistischen Wissenschaftstheorie, die von einem immanenten Gefüge von Erkenntnisgegenständen als Objekten des Erkenntnisprozesses ausgeht, hat in jüngster Zeit vor allem Th. S. Kuhn (1962) den geschichtlichen Charakter der Erkenntnisgegenstände betont. Wissenschaftstheorie stellt sich für Kuhn zugleich als Wissenschaftsgeschichte dar. Innerhalb der „normalen" Phasen der Forschung geht jede Disziplin oder Forschungsrichtung von einem festen, oft als solchen nicht streng definierten oder bewußten „Paradigma" aus, einem im Lehrbetrieb anerzogenen Gefüge von Grundannahmen, Methoden, Lehrbeispielen und Erklärungsmustern. Dieses Paradigma bestimmt als leitende Norm die einzelnen Forschungsaktivitäten und grenzt vorweg ab, was der Gegenstand der Forschung ist und wie man sich ihm zu nähern hat. In „revolutionären" Phasen der Forschung kommt es zu einem „Paradigmenwechsel", der den gesamten Forschungsprozeß umändert. Wissenschaft ist aufzufassen als konkreter Problemlösungsprozeß einer Wissenschaftsgemeinschaft, die ein Teil der Gesamtgesellschaft ist. Diese Auffassung von Wissenschaft findet man auch in der Tradition der marxistischen und pragmatischen Philosophie (Martens 1981 b). Wie jede Wissenschaft wäre dann auch die Philosophie auf die jeweilige konkrete Problemsituation gemeinschaftlich handelnder Subjekte normativ bezogen, jedoch mit dem konstanten Merkmal des radikalen Rechenschaftgebens über ihre eigenen Vorannahmen. Wieweit jedoch die Philosophiegeschichte als gemeinsamer Problemlösungsprozeß auch in der konkreten Lerngruppe als jeweiliger gemeinsamer Problemlösungsprozeß praktiziert werden soll und kann, ist damit noch nicht entschieden.

Die Konstituierungsthese läßt sich nicht nur von der Wissenschaftstheorie als Wissenschaftsgeschichte auf die Philosophie übertragen, sondern *viertens* – und damit eng verbunden – auch mit dem Spannungsverhältnis von „Vernunft und Geschichte" innerhalb der Philosophie selbst begründen. Seitdem Dilthey Kants zeitloses Apriori oder das Subjekt der Philosophie und allen Erkennens als geschichtliches Subjekt gedeutet hat, stellte sich das Historismusproblem für die Philosophie noch vor dem Kuhnschen Historismus. Nicht nur die einzelnen Ausformungen dessen, was als vernünftig gilt, sondern Vernünftigkeit selbst muß sich in einem geschichtlichen Prozeß erst herausstellen und rechtfertigen (Schnädelbach 1979). Auch das traditionelle Paradigma der Philosophie als radikales, argumentatives Rechenschaftgeben kann somit nicht länger fraglose Geltung für sich beanspruchen, sondern muß sich etwa gegenüber einem eher meditativen Philosophieren chinesischer oder indischer Prägung ausweisen; „westliches" und „östliches" Denken stehen sich zunächst als gleichberechtigte Grundformen von Philosophie gegenüber. Bei einem Abwägen beider Formen werden wir (Europäer?) jedoch schwerlich auf argumentative Mittel verzichten können (Martens 1983 a).

Die Konstituierungsthese ist keineswegs neu (Heintel 1972, 1978, 1979; Martens 1974, 1979); sie wurde bereits von Kant (Heintel/Macho 1981) und Peirce (Martens 1979) her begründet und soll im folgenden vor allem ausgehend von Platon noch erhärtet und in ihren praktischen Konsequenzen erprobt werden. Vorerst ergeben sich aus den dargelegten vier Begründungssträngen bereits einige grundlegende didaktische Maximen:

- aus dem Merkmal des Rechenschaftgebens folgt die Forderung, Begriffe, Positionen, historische Daten und Texte in einen Argumentationszusammenhang einzubinden;
- in der Subjektbezogenheit ist der Schüler- oder Adressatenbezug enthalten, die „Betroffenheit" der philosophisch Argumentierenden;
- aus dem wissenschaftsgeschichtlichen Argument ergibt sich die Nötigung, auch Philosophie als geschichtlich geworden zu vermitteln und als konkrete Lerngeschichte zu praktizieren;
- die historische Problemlage verlangt schließlich, auch die Vernunftsforderung selbst sowie ihre einzelnen Ausformungen nicht im Lernprozeß unbesehen vorauszusetzen, sondern emotionale Widerstände als mögliche Anzeichen alternativen Denkens oder Philosophierens ernst zu nehmen (Duerr 1981; Martens 1983 a).

Alle vier Gründe für eine Konstituierungsthese machen eine Abbilddidaktik der Philosophie (sowie jeder Wissenschaft) unmöglich. Nicht eine vorgegebene Philosophie muß didaktisch zubereitet werden, sondern in einem konkreten Lehr-Lernprozeß muß sich erst herausstellen, was philosophisch wichtig und richtig ist. Wieweit dieser Prozeß sich an bereits vorliegenden Produkten der Philosophie orientieren und abarbeiten muß und wieweit er von institutionellen und lernpsychologischen Rahmenbedingungen abhängt, bedarf weiterer Überlegungen und Untersuchungen. Immerhin gibt die Konstituierungsthese eine Grundnorm für reale Lehr-Lernprozesse ab, die in ihrer schlechten Faktizität nicht als Widerlegung gelten können – sie sind allenfalls Ausreden.

3. Philosophie und Didaktik als entfremdete Wissenschaften

Nach der Überflüssigkeitsthese hätte Philosophie immer schon als reines Denken ihr wahres Wesen erreicht; sie bedürfte gemäß der Nachträglichkeitsthese allenfalls einer didaktischen Aufbereitung mit Rücksicht auf diejenigen, die Zugangsschwierigkeiten haben. Aus dieser „didaktischen Rücksichtnahme" (Kambartel 1979) ergibt sich leicht die Schädlichkeitsthese, nach der Philosophie durch Didaktik simplifiziert und verfälscht wird. Geht man jedoch von der spannungsreichen Einheit von Produkt und Prozeß, Objekt- und Subjektseite der Philosophie aus und subsumiert man ferner die philosophierenden Subjekte nicht unter die Einheit eines zeitlosen, apriorischen Vermittlungs-Subjekts, sondern faßt man sie als Vielheit konkreter, empirischer Subjekte auf, die sich am philosophischen Objekt und aneinander abarbeiten müssen, so ist nicht eine nur apriorische Vermittlung, sondern ein konkreter Lehr-Lernprozeß für die Philosophie wesentlich. Aus der Konstituierungsthese folgt, daß Philosophie – wie jedes Wissen oder jede Wissenschaft – erst durch Didaktik zu sich selbst kommt und sich durch eine Trennung von Didaktik von sich selbst und von der Lebenspraxis entfremdet. Philosophie-Didaktik als Prozeß oder als gemeinsame „Liebe zur Weisheit" unterscheidet sich von „didaktischer Onanie" als einer reinen Selbstbezüglichkeit der Subjekte, aber auch von „didaktischer Vergewaltigung" als einer reinen Selbstbezüglichkeit der Objekte, die auch die philosophierenden Subjekte zu bloßen Objekten einer Subsumptionslogik macht. (Beide Ausdrücke – gemeint als Vorwurf und als Forderung – verdanke ich Kollegen am Philosophischen Seminar.)

Das Bild einer zeitlosen, sich in sich selbst vermittelnden und von den konkreten Subjekten abgehobenen Philosophie ist seinerseits nicht zeitlos gültig. Es ist vielmehr als entfremdete Wissenschaft Spiegel-Bild einer entfremdeten Lebenspraxis oder Gesellschaft. In ihr treten, wie Adorno formuliert, Lehrer und Universitätsprofessoren als „Verkäufer von Kenntnissen" auf; auch wird „der Geist durch solche Zweckrationalität auf den Tauschwert reduziert" (Adorno 1969, S. 74). Damit greift Adorno einen Vorwurf auf, den bereits der platonische Sokrates gegenüber den Sophisten erhoben hat. Dieser Vorwurf soll im Platon-Kapitel näher begründet werden. Philosophie als einer entfremdeten Wissenschaft entspricht Didaktik als entfremdete Wissenschaft. Sie soll in nachträglicher Vermittlung künstlich Beziehungen zwischen dem verselbständigten Produkt Wissenschaft und den von ihm abgetrennten Subjekten herstellen. Die verbreitete Skepsis oder Ablehnung seitens der Didaktik-Praxis gegenüber der Didaktik-Theorie oder der Lehrer gegenüber den Erziehungswissenschaftlern generell führt von Engelhardt auf den unterschiedlichen Entstehungs- und Verwendungszusammenhang alltäglichen und wissenschaftlichen Wissens zurück (von Engelhardt 1979). Die vorgegebenen, meist restriktiven institutionellen Bedingungen schulischen Lehrens und Lernens sowie die subjektiven, pragmatisch eingespielten Handlungs- und Denkmuster des Lehrers, in die auch wissenschaftliches Wissen vorangegangener Lehrerausbildung eingewoben sein mag, bilden den Hintergrund für die pädagogischen Alltagstheorien des Lehrers, die er in seiner täglichen Praxis verwendet und befestigt. In der Einstellung des Lehrers gegenüber dem wissenschaftlichen Wissen der Erziehungswissenschaftler lassen sich nach von Engelhardt vier Formen unterscheiden (S. 90–93): Abschirmung, Umfunktionierung, Abspaltung und produktive Auseinandersetzung.

Übertragen auf die Einstellung gegenüber einer konstitutiven Philosophie-Didaktik bedeutet die Form der *Abschirmung*, daß Lehrer (und Schüler) etwa die Forderung einer Dialogmethode und eines konkreten Problembezugs als wenig praktikabel ablehnen oder stark abschwächen. Die Institution Schule mit festem Lehrplan und Prüfungsanforderungen lasse subjektiven Interessen und einem mehr prozeßorientierten Unterricht wenig Raum. Zudem wird von der eigenen („eingeprügelten") Unfähigkeit zu einem Dialog auf eine notwendige Gleichsetzung von Dialog mit „Gelaber" rückgeschlossen. Weder die Institution Schule noch das eigene didaktische Können wird kritisch geprüft. Die subjektiven Grenzen werden als institutionelle ausgegeben. Nach der Alltagsformel „Das mag in der Theorie richtig sein, taugt aber nicht für die Praxis" gilt die Theorie von der Praxis her als widerlegt oder zumindest als nicht weiterer Überlegungen wert. Wer allerdings als Philosophielehrer Kants Kritik an dem „Gemeinspruch" oder das Hegelsche Diktum „um so schlimmer für die Wirklichkeit" kennt, akzeptiert und auch auf seine eigene Praxis anzuwenden bereit ist, versucht der normativen Kraft der Idee vielleicht dadurch zu entgehen, daß er die Theorie selbst zu widerlegen versucht. Hierbei hilft ihm das tradierte Bild einer objektivistischen Philosophie und Wissenschaft insgesamt, die eine Abbilddidaktik nahelegen. Dieselbe Abschirmungs-Strategie wird auch an den anderen Lernorten praktiziert. Auch die beiden nächsten Formen einer Beziehung zwischen alltäglichem und wissenschaftlichem pädagogischen Wissen lassen sich als Abwandlungen der Abschirmung, als Abwehrreaktionen deuten. Bei einer *Umfunktionierung* wissenschaftlichen, neuen Wissens nimmt das Alltagswissen nur die Teilstücke auf, die es selbst nicht generell in Frage stellen. So kann man Dialogmethode und Alltagsbezug recht gut zum motivationalen „Einstieg" oder als „Aufhänger", auf der Anwendungs- oder Veranschaulichungsebene und zum „Dampfablassen" einsetzen, ohne sein gesamtes Didaktik- und Philosophieverständnis grundsätzlich zu verändern. Lehrer- und Schülerrolle bleiben weiterhin deutlich voneinander geschieden, die Institution Schule, das Bildungssystem und die sie tragende Gesellschaft werden als gegebene Rahmenbedingung hingenommen, oft resignativ. Bei der Form der *Abspaltung* wird das wissenschaftliche Wissen vom Lehrer theoretisch voll akzeptiert, jedoch ohne praktische Folgen für den eigenen Unterricht. Der Lehrer führt ein Doppelleben als „anspruchsvoll reflektierender Sonntags-Pädagoge" und als „handelnder Alltags-Pauker" (von Engelhardt 1979, S. 91). Bei der vierten Form schließlich, der *produktiven Auseinandersetzung*, kommt es zu einem wechselseitigen Lernprozeß. Dabei paßt sich das Alltagswissen keineswegs dem wissenschaftlichen Wissen bloß unkritisch an, sondern fordert es von seinen eigenen Erfahrungen und Problemstellungen her zu Präzisierungen, Korrekturen und zur Weiterentwicklung heraus, wie umgekehrt das wissenschaftliche Wissen das Alltagswissen verändert und auf das Alltagshandeln zurückwirkt.

Auch eine konstitutive Philosophie-Didaktik muß sich auf einen derartigen wechselseitigen Lernprozeß einlassen und sich einer Selbstanwendung stellen. Auch sie konstituiert sich erst in Auseinandersetzung mit der Didaktik-Praxis an den verschiedenen Lernorten. Eine konstitutive Didaktik-Theorie kann aber nur dann akzeptable Praxisvorschläge machen, wenn die Barriere einer Abbilddidaktik nicht nur in Auseinandersetzung mit dem didaktischen Handeln, sondern auch mit dem entsprechenden „Urbild" eines objektivistischen Philosophieverständnisses überwunden wird. Der Streit um ein „offenes" oder „geschlossenes" Curriculum, um schülernahes, problemorientiertes oder stoffbezogenes, disziplinorientiertes Lehren und Lernen bleibt für die Philosophie rein äußerlich, wenn man ihn nicht bereits auch von ihr selbst her zu entscheiden versucht. Hierzu soll das folgende Platon-Kapitel beitragen.

II. PLATON ALS KLASSIKER DER DIDAKTIK

1. Abbilddidaktik und Zweiweltenlehre

Die Philosophie Platons gibt in einer weit verbreiteten Interpretation das klassische Muster für eine abbilddidaktische Argumentation ab. Nach der Platon zugeschriebenen Ideenlehre stellen die Ideen einen in sich geschlossenen Gegenstandsbereich geistiger Wesenheiten dar, die verschiedene Funktionen erfüllen. In ihrer logischen und erkenntnistheoretischen Deutung sind die Ideen dasjenige, worauf sich unser Denken und Erkennen als jeweiliger Bezugspunkt der wandelbaren, empirischen Einzelerscheinungen richtet; in ihrer ontologischen Funktion kommt den Ideen gegenüber den Einzelerscheinungen ein Seinsvorrang zu, sind sie das wahre Sein gegenüber den bloßen Erscheinungen; axiologisch schließlich stellen die Ideen die Normen für unser Handeln dar. Nur wenige Menschen können die Ideen erkennen, und auch nur „mit Mühe". Von ihrem Ideenwissen her sollen diese dann für die übrigen, die Nichtwissenden, Führer sein und als „Philosophenkönige" an der Spitze des Staates stehen. Während Sokrates, der Lehrer Platons, nur die richtigen Fragen stellte und unser Nichtwissen aufdeckte, aber selber in der Aporie, in der Ausweglosigkeit steckenblieb, hat Platon dagegen mit seiner Ideenlehre die Antworten gefunden. Didaktisch gesehen ist Sokrates nur für die Propädeutik, für die Hinführung zur wahren Philosophie zuständig. Er kann allenfalls ein Problembewußtsein vermitteln und Fragen stellen. Antworten zu geben aber bleibt Platon vorbehalten, und sie sind wegen ihrer Schwierigkeit nur wenigen zugänglich. Auch ist das von Sokrates geforderte Selbstdenken in der Anamnesis, für die er lediglich Hebammendienste geben könne, aus der Sicht der Ideenlehre Platons nur recht eingeschränkt zu verstehen. Sicher, die Ideen liegen „in der Seele" des Menschen und können nicht von außen durch einen bloßen Nachvollzug erkannt werden, sondern nur in einem Selbstdenken. Das Selbstdenken aber ist letztlich Nachvollzug, da es die ewigen, vorgegebenen Wesenheiten zu „schauen" gilt. Philosophie ruht, nach dieser Interpretation Platons, als abgeschlossener Gegenstandsbereich in sich und ist als göttlicher Ideenkosmos getrennt von der menschlichen Welt. Einem derartigen objektivistischen Philosophieverständnis entspricht ein didaktisches Urbild-Abbild-Verhältnis. Das Urbild einer „philosophia perennis" leitet als „höchstes Bildungsgut" alle didaktischen Bemühungen. Dieses Gut, das

„die großen Denker“ oder „die Klassiker“ in langer, ehrwürdiger Tradition bewahrt und auch vermehrt haben, gilt es den Lernenden zu vermitteln. Didaktisch-methodische Hilfsmittel sind hierfür oft nützlich, sie können aber auch, wie beschrieben, schädlich sein.

Die Platon zugeschriebene Ideen- oder Zweiweltenlehre hat scharfe Kritik auf sich gezogen. Sein Schüler Aristoteles etwa hat sie als bloße Verdoppelung des Seins abgelehnt und wandte sich statt dessen der Vielfalt der Erscheinungswelt zu. Der Universalienstreit über den Status des Allgemeinen hat seit Platon kein Ende gefunden. Dabei hält man Platon zugute, wenn schon nicht die richtige Lösung, so doch immerhin mit seiner Ideenlehre die entscheidende Frage formuliert zu haben. Vor allem die ideologische Funktion der Ideenlehre kritisieren dagegen so unterschiedliche Denker wie Thomson und Popper. Für Thomson (1961) ist Platon der Exponent der antiken Sklavenhaltergesellschaft, der ihren Herrschaftsanspruch mit seinem idealistischen Denksystem legitimieren und verewigen wollte, wie nach ihm jedes idealistische Denken. Auch Popper (1957) kritisiert Platon als herrschaftsstabilisierenden, autoritären Denker und stellt ihn in eine Reihe mit Hegel und Marx als „Feinde“ einer „offenen Gesellschaft“. Sokrates habe noch ein kritisches Denken vertreten. Erst Platon habe es nachträglich als Hinführung oder Propädeutik für seine Ideenlehre umgedeutet und mit seinem Anspruch auf ein absolutes Wissen verraten.

Wenn Platons Philosophie tatsächlich als überholte Metaphysik oder bloße Ideologie abgetan werden könnte, würde sich kaum eine nähere Beschäftigung mit ihr lohnen, allenfalls, um einen exemplarischen und wirkungsmächtigen Sündenfall des Geistes an ihr zu studieren. Dagegen soll im folgenden die Behauptung begründet werden, daß Platon die Idee einer konstitutiven Philosophie-Didaktik zumindest implizit bzw. im Vollzug seiner Dialoge vertreten, wenn auch nicht als ausdrückliche Theorie gelehrt hat. Auch kann man an Platon die grundsätzlichen Weichenstellungen erkennen, die in der Folgezeit entweder zu einem mehr produkt- oder zu einem mehr prozeßorientierten Philosophieren geführt haben. Nicht nur aus systematischen, sondern auch aus historischen Gründen kann Platon oder der platonische Sokrates als der erste Philosophie-Didaktiker gelten.

Will man Platons Ideenlehre entgegen der herkömmlichen, dominierenden Interpretation lesen, so sind freilich zwei grundsätzliche Schwierigkeiten zu überwinden. Zum einen kann man die Fülle der Stellen bei Platon einfach nicht übersehen, auf die sich die Interpretation einer Zweiweltenlehre zumindest dem ersten Anschein nach mit einigem Recht stützen kann. Zum anderen findet man bei Platon keine explizite Philosophie-Didaktik, wenn auch wiederum etliche Stellen, die eine Abbilddidaktik nahelegen könnten. Beide Schwierigkeiten sollen durch eine Interpretation des ›Theätet‹, des Dialogs über das Wissen, überwunden werden, zumindest in einer ersten Näherung. Eigentlich müßte man Platons sämtliche Dialoge unter dem Gesichtspunkt einer konstitutiven Philosophie-Didaktik durchgehen, etwa nach dem Muster der neukantianischen Platon-Interpretation Paul Natorps (1903) oder nach dem existenzphilosophisch-gefärbten Gesamtwerk Paul Friedländers (1928–30). Eine solche Arbeit kann in diesem Rahmen nicht geleistet werden. Immerhin kann eine ›Theätet‹-Interpretation die vorgeschlagene Gesamtdeutung zumindest plausibel oder auch nur diskutabel machen, zumal dann, wenn man einige Querverweise zu anderen Dialogen Platons hinzuzieht (siehe zum ›Charmides‹ Martens 1977, zum ›Laches‹ Martens 1979, S. 75–83).

Zunächst sollen Belegstellen für die herkömmliche Interpretation von Platons Philosophie- und Didaktikbegriff in Erinnerung gerufen werden. Die drei klassischen, häufig zitierten Stellen, an denen Platon seinen Philosophie- als Lernbegriff und das Philosophieren als Lernen erläutert, sind die Anamnesis-Lehre im ›Menon‹ (80d–86c), der Stufengang der Erkenntnis im ›Siebenten Brief‹ (341a–344d) und das Höhlengleichnis im ›Staat‹ (VII 514a–517a).

Im ›Menon‹ führen die Definitionsversuche der „Tugend“ zu keinem Ergebnis. Während sonst die sokratischen Definitionsdialoge an dieser aporetischen Stelle einfach abbrechen und die Untersuchung verschieben, stellt Menon die sokratische Methode der gemeinsamen Suche von Nichtwissenden in Frage: Was man nicht weiß, kann man auch nicht erkennen, wenn man es gefunden hat; und was man weiß, muß man nicht erst suchen. Diesem „eristischen Argument“ begegnet Sokrates mit dem Hinweis auf die vorgeburtliche Schau der Ideen, die jeder – wenn auch unausdrücklich – in sich trägt und an die er sich nur zu erinnern braucht: „Denn das Suchen und Lernen insgesamt ist demnach ganz und gar Erinnerung“ (18d). Daß Lernen jedenfalls in einem Vorgang des Wiedererinnerns oder, wie wir heute sagen würden, in einer Zurückführung von Unbekanntem auf Bekanntes besteht, zeigt Sokrates in seinem didaktischen Experiment der Sklavenbefragung. In einem gelenkten Unterrichtsgespräch läßt Sokrates einen Sklaven „aus sich heraus“ eine mathematische Aufgabe lösen, ohne ihn zu belehren. Häufig wird an der sokratischen Hebammenmethode neben ihrem manipulativen Charakter auch die dabei vorausgesetzte Ideenlehre als unzulässige metaphysische Annahme kritisiert. Im ›Menon‹ aber schränkt Sokrates, was nicht immer deutlich genug gesehen wird, seine Anamnesis-„Lehre“ in ihren metaphysischen Voraussetzungen ein und betont ihren praktischen Wert als Motivation für das gemeinsame Suchen und Lernen: „Und das übrige freilich möchte ich nicht eben ganz verfechten für diese Rede; daß wir aber, wenn wir glauben, das suchen zu müssen, was wir nicht wissen, besser werden und mannhafter und weniger träge, als wenn wir glauben, was man nicht wisse, sei nicht möglich zu finden, und man müsse es also auch nicht erst suchen, dafür möchte ich allerdings streiten, wenn ich es könnte, mit Wort und Tat“ (86bf.).

Im ›Siebenten Brief‹ scheint Platons Philosophie „unsagbar“, die Ideen scheinen nur in einem „plötzlichen“, intuitiven Erfassen zugänglich zu sein und sich jeder argumentativen Vermittlung zu entziehen: „Läßt es sich doch in keiner Weise, wie andere Kenntnisse, in Worte fassen, sondern indem es, vermöge der langen Beschäftigung mit dem Gegenstande und dem Sichhineinleben, wie ein durch einen abspringenden Feuerfunken plötzlich entzündetes Licht in der Seele sich erzeugt, und dann durch sich selbst Nahrung erhält“ (341cf.). Beim Erkenntnisvorgang allgemein unterscheidet Platon im ›Siebenten Brief‹ fünferlei: das Wort (z. B. „Kreis“); die Definition oder den Begriff („Der geometrische Ort all derjenigen Punkte, die von einem festen Punkt den gleichen Abstand haben“); das „Abbild“ oder die sinnliche Erscheinung (der gezeichnete Kreis); die Erkenntnis (das Verstehen dessen, was ein Kreis ist); schließlich das Erkannte selbst („der Kreis an sich“). Das von Platon bei der letzten Erkenntnisstufe betonte Moment der „plötzlichen“, intuitiven Einsicht schließt jedoch keineswegs einen vorangegangenen Lehr-Lernprozeß aus, eine „lange Beschäftigung mit dem Gegenstande“. Wenn Platon ferner seine Philosophie als „unsagbar“ bezeichnet und für sie eine bestimmte „Naturanlage“ voraussetzt, wendet er sich gegen den Versuch, Philosophie auf ein Satzwissen zu reduzieren und Wahrheitserkenntnis vom Vollzug in der eigenen, von der „Idee des Guten“ geleiteten Praxis zu trennen, wie ihn der syrakusische Tyrann Dionysios II. unternommen hatte.

Als dritte Stelle, die für eine Zweiweltenlehre und eine entsprechende Abbilddidaktik zu sprechen scheint, dient häufig das Höhlengleichnis aus dem ›Staat‹. Als Bild für „unseren Zustand von Bildung und Unbildung“ schildert Platon Gefangene in einer Höhle, die an ihre Plätze gefesselt sind und die Schatten an der Wand für die wahren Dinge halten. Erst „wenn einer von den Fesseln befreit wäre und gezwungen würde, sogleich aufzustehen, den Hals herumzudrehen, zu gehen und gegen das Licht zu sehn“, würde er schrittweise das wahre Sein erkennen: die nachgemachten Gegenstände, das Höhlenfeuer, die Spiegelungen oberhalb der Höhle im Wasser, die wahren Dinge und schließlich die Sonne als Ursache von allem. Wie bei den beiden anderen Stellen darf man jedoch die Formulierung des Problems nicht mit seiner Lösung gleichsetzen. Sobald man über „Ideen“ redet, zudem im bildhaften Vergleich, muß man Fixierungen vornehmen und Bereiche trennen, die in Wirklichkeit nicht getrennt sind. Auch wird aus der Redeweise im Höhlengleichnis leicht auf einen Erlöser oder Lehrer geschlossen, der die Nichtwissenden zum Wissen der Ideen hinführen kann, sei es auch durch sokratische Hebammendienste.

2. Episteme als theoretisches Wissen und praktisches Können

Wolfgang Wieland hat eine Interpretation der Ideenlehre vorgelegt, die als Argumentationsbasis für die Behauptung einer konstitutiven Philosophie-Didaktik bei Platon gelten kann (Wieland 1976; vgl. Mittelstraß 1981, bes. S. 44f.; unterdessen auch: Wieland 1982; Mittelstraß 1982). Wieland vertritt die These, daß bei Platon nicht eine Ideenannahme nach dem traditionellen Zweiweltenmodell als Gegenstand eines theoretischen Wissens das Kernthema ist. Kernthema ist nach Wieland vielmehr ein praktisches Können als „Umgang mit der Idee" (S. 20), der Bezug der Ideen auf die Idee des Guten mit Hilfe der Urteilskraft. Wieland macht darauf aufmerksam, daß Platon selber die Ideen mit gewichtigen Gründen kritisiert, etwa im ›Parmenides‹, und sie gerade dort nicht einführt, wo man es vom Thema am ehesten hätte erwarten können. Auch werde die Ideenannahme selten ausdrückliches Thema oder gar als geschlossene Lehre dargestellt, so daß ihr eigentlicher Inhalt unklar bleibe. Eine Darstellung der sogenannten Ideenlehre scheitere bei Platon nicht nur aus systematischen Gründen, sondern auch von der literarischen Form des Dialogs her. Die Dialogform erlaube keine Feststellung, welcher Unterredner nun in seinen Aussagen recht hat. Die Wahrheitsfrage müsse vielmehr aus dem Dialogverlauf selbst vom Leser beurteilt werden. Die Ideen können nach Wieland nicht in Form einer Lehre und als theoretisches Wissen dargestellt werden, sondern müssen sich im praktischen Können, in ihrem Gebrauch durch die Dialogpartner (zu denen auch der Leser gehört) bewähren. Nicht die Einführung der Ideenhypothese etwa im viel zitierten ›Phaidon‹ (100a ff.), sondern erst ihre Beziehung auf die Idee des Guten macht nach Wieland bei Platon Schwierigkeiten, wie aus den Gleichnissen im VI. und VII. Buche des ›Staates‹ hervorgehe. Die Idee des Guten hat nach Wieland zweierlei Funktionen: Sie reguliert den nützlichen Gebrauch der Ideen und bezieht das Wissen auf die Person des Wissenden. Sokrates selber stellt im ›Staat‹ fest, daß von der Gerechtigkeit, dem Ausgangsthema des ersten Buches, und von den anderen Tugenden bisher nur ein „Umriß" gegeben sei (504d). Wie auch in den sokratischen Frühdialogen scheitern alle Definitionen daran, daß sie keine sichere Zuordnung der Einzelfälle erlauben, vielmehr immer wieder Gegenbeispiele gefunden werden können.

In den Frühdialogen wird, so könnte man Wielands Argument aufgreifen, keine Ideenlehre als notwendige und hinreichende Lösung des aporetischen Schlußausganges vorbereitet, sondern als Dogmatismus des Alltagswissens gerade kritisiert. Auch die „Hypothesen" der Wissenschaften, bis hin zu ihrer härtesten Spitze, der Mathematik, werden von Platon auf ihre Voraussetzungen hin überprüft (›Staat‹ 511a ff.). Die jeweiligen Definitionen scheitern daran, daß sie als eine sichere Instanz zur Beurteilung der Einzelfälle versagen, weil sie notwendigerweise immer nur *eine* Seite fixieren und die anderen möglichen Hinsichten ausblenden. Die „absolute Idee" wäre nichts anderes als die Verabsolutierung des Alltagswissens. Diese Verabsolutierung durchbricht Sokrates mit der Methode seines konsequenten Weiterdenkens, indem er die verschiedenen Hinsichten der einzelnen Unterredner miteinander konfrontiert und in Beziehung zu setzen versucht. Was etwa „Besonnenheit" ist, läßt sich bereits aus dem Gesprächsverlauf im ›Charmides‹ entnehmen und kann prinzipiell von keiner abschließenden Definition der Idee „Besonnenheit", etwa aus dem IV. Buch des ›Staates‹ erwartet werden (vgl. Martens 1977). Die Dialogpartner können sich auf kein übergeordnetes, wenn auch „in ihnen" liegendes Ideenwissen berufen, sondern können sich lediglich auf ihren eigenen, jeweils korrigierbaren Wissensgebrauch besinnen, nicht auf eine einzelne, absolute Idee, sondern auf ein „Ideengeflecht" (vgl. Sophistes 240c).

Den Gedanken vom „Vorrang des Gebrauchs" gegenüber einem bloßen Wissen oder Herstellen von etwas findet man bei Platon, wie Wieland zeigt (S. 24 ff.), wiederholt. Der Sattler stellt das Zaumzeug nach den Anweisungen des Reiters her, der es benutzt und sich von seinem Gebrauch her darin am besten auskennt (›Staat‹ 601d ff.). Ferner kann eine schriftliche Fixierung philosophischer Gedanken nur Anstoß zur eigenen Wiedererinnerung sein, aber kein „deutliches und sicheres" Wissen vermitteln (›Phaidros‹ 275c); dagegen kann die „dialektische Kunst" den Gebrauch der geschriebenen Sätze vermitteln (276e f.). Das geschriebene Gesetz kann niemals alle Einzelfälle regeln, sondern bedarf zu seiner Anwendung der „königlichen Kunst", die es auf die jeweils neuen Situationen anwendet und auch ohne Gesetze auskommt (›Politikos‹ 294a ff.). Der Philosophenherrscher bedarf einer langen praktischen Erfahrung und Erziehung bis zum fünfzigsten Lebensjahr (›Staat‹ 536d ff.); die Sophisten verkaufen Wissen wie eine Handelsware, ohne ihren wahren Nutzen angeben zu können (›Protagoras‹ 313d ff.). Die Aporien der Ideenhypothese, in die nach der literarischen Fiktion des ›Parmenides‹ der jüngere Sokrates gerät, lassen sich auflösen, wenn man die Ideen auf die Idee des Guten bezieht, und das heißt nach Wielands Interpretation, wenn man, wie der reifere Sorates in den Frühdialogen, gekonnt mit ihnen umgeht.

Die Idee des Guten regelt nicht nur den nützlichen Gebrauch der Ideen und allen Wissens sowie der Einzelhandlungen, sondern bezieht das Wissen zugleich damit auch auf die Person des Wissenden (Wieland S. 27ff.). Jeder strebt nach dem „wirklich Guten" (›Staat‹ 505dff.). Daher hat die Einsicht des eigenen Nichtwissens nicht nur theoretische Bedeutung, sondern motiviert auch das eigene Handeln. Dies ist nach Wieland der eigentliche Sinn des „sokratischen Intellektualismus". Wissen als Wissen des Guten ist letztlich auf das Handeln bezogen und „bewährt sich" als praktisches Können (a. a. O. S. 30), als „für uns" gut (›Staat‹ 505a).

Wieland hebt hervor, daß Platon die Idee des Guten niemals inhaltlich bestimmt oder in Form einer Lehre darstellt. Damit behauptet er, anders als etwa Gaiser (1963), keine von Platon zurückgehaltene esoterische Geheimlehre und auch keine besondere mystische Einsicht in ein prinzipiell Unsagbares. Vielmehr läßt sich die Ideenannahme und ihr Bezug zur Idee des Guten aus systematischen Gründen nicht in Sätzen darstellen und vermitteln. Episteme ist bei Platon, wie im griechischen Wortgebrauch ohnehin steckt (vgl. deutsch „sich auf etwas verstehen"), eine Einheit von theoretischem Wissen und praktischem Können: „Es ist ein Wissen, das sich im adäquaten Umgang mit den Dingen und im Gebrauch ihrer zeigt. Es wird durch Einübung vermittelt, nicht aber durch theoretischen Unterricht" (S. 32). Die Anwendung des Allgemeinen auf das Einzelne sowie das Auffinden des Allgemeinen zum Einzelnen läßt sich nicht ihrerseits regeln, da man sonst in einem unendlichen Regreß wieder Regeln für den Regelgebrauch aufstellen müßte. Das praktische Können als Umgang mit dem theoretischen Wissen heißt bei Platon Dialektik, „Kunst der Unterredung". Mit ihrer Hilfe machen die Unterredner die „Selbsterfahrung" ihres eigenen Nichtwissens, aber auch des richtigen Ideengebrauchs (S. 33). Der richtige Ideengebrauch besteht darin, „keine letzten Entitäten" als theoretische Vorannahmen oder als oberstes Normensystem vorauszusetzen (S. 33), sondern die dogmatische Gewißheit einer kritischen Überprüfung zu unterziehen.

Wielands Platon-Interpretation weist nicht nur die übliche Ideenlehre als Zweiweltenmetaphysik mit einer entsprechenden Abbilddidaktik als unhaltbar zurück, sondern bindet Philosophie in einen Lehr-Lernprozeß ein, der von konkreten Subjekten in jeweils neuen Situationen praktisch zu leisten ist und durch kein Satzsystem ersetzt werden kann. Philosophie gibt es nicht vor und außerhalb einer konkreten didaktischen Situation, sondern erst in und mit ihr (vgl. Heintel 1979). Wahrheit als Bewährung in einer Dialoggemeinschaft entspricht dem Konzept eines kritischen oder dialogischen Pragmatismus, der ein plattes Nützlichkeitsdenken oder einen Vulgärpragmatismus kritisiert (Martens 1973, S. 91; Martens 1979). Die von Wieland herausgestellten beiden zentralen Funktionen der Idee des Guten, praktische Nützlichkeit und Personenbezug, ergänzen ferner eine rein kognitive, auf die Argumentationsstruktur abzielende Dialogtheorie um den notwendigen personalen Faktor. Argumentierenkönnen ist kein bloß theoretisches Wissen, sondern erfordert vor allem eine grundsätzliche Gutwilligkeit und praktische Urteilskraft der beteiligten Subjekte (Wieland 1974; Martens 1979, S. 36ff.). Philosophie als Praxis des Philosophierens, als Dialektik wird in Platons Dialogen vorgeführt und kann in keiner Lehre angemessen dargestellt werden. Wielands Konzeption soll im folgenden am ›Theätet‹ erprobt werden (Wielands Buch von 1982 war zur Zeit der Abfassung meines Textes noch nicht publiziert).

3. Der ›Theätet‹ als Beispiel

Platons ›Theätet‹ (vgl. Martens 1981a) kann man nicht nur als Klassiker der Erkenntnistheorie, sondern auch als Klassiker der Didaktik und der Philosophie-Didaktik lesen. Wie das Ideenwissen läßt sich auch Didaktik nicht auf ein Satzsystem reduzieren, sondern stellt sich als praktisches Können dar, wie wir gemeinsam mit anderen Wahrheit herausfinden oder wie wir weiterlernen können. Platons Dialog behandelt nicht nur die Frage, *was* Wissen, Episteme (ἐπιστήμη) ist, sondern gibt zugleich auch mehr oder minder versteckte Hinweise darauf, *wie* wir diese Frage beantworten können und *wozu* wir sie überhaupt stellen sollen. Platon verbindet die Inhaltsfrage mit der Methoden- und Zielfrage. Schon in der Einheit dieser drei Fragestellungen zeigt sich ein erster Zusammenhang von Philosophie und Didaktik. Platons Sokrates praktiziert Lernen als Problemlösen und trennt Wissen (hier: vom Wissen) als Produkt nicht vom Prozeß, „wie wir darauf kommen", auch nicht von der Zielfrage, „was wir damit sollen". Die drei Schlüsselfragen zum ›Theätet‹ heißen also: Wozu sollten wir wissen, was Wissen ist? Wie können wir wissen, was Wissen ist? Was wissen wir vom Wissen?

Die Übersetzung von Episteme mit „Wissen" gibt am ehesten die im Griechischen liegende Doppelbedeutung von theoretischem Wissen und praktischem Können wieder (sich verstehen auf etwas; vgl. Wittgenstein, Philosophische Untersuchungen §§ 150ff.). „Erkenntnis" würde leicht unzulässige Assoziationen an die moderne Erkenntnistheorie erwecken können, „Wissenschaft" an die moderne Wissenschaftstheorie, und in beiden Fällen wäre der Praxis- und Alltagsbezug ausgeblendet.

Wozu sollen wir wissen, was Wissen ist? – Im Normalfall wissen wir einfach etwas oder glauben, etwas zu wissen. Wenn wir uns irren, sind wir im Prinzip durchaus in der Lage, unseren Irrtum zu korrigieren, und sind auch auf weitere Korrekturen gefaßt. Die Frage, was Wissen ist, stellen wir uns selten oder überhaupt nicht, und noch weniger, wie wir wissen können, was Wissen ist. Wir wissen nicht, wozu ein solches Wissen gut sein sollte. Platons Dialoge dagegen stellen die Frage nach dem Wissen und anderen vermeintlichen Selbstverständlichkeiten in voller Schärfe. Dabei lassen sich zwei Schritte unterscheiden. Der erste Schritt übersteigt die Naivität alltäglichen (einschließlich wissenschaftlichen) Redens und Handelns; der zweite Schritt übersteigt die ihrerseits zunächst naive philosophische Redepraxis, indem er das Weiterdenken oder die Reflexion auf sich selbst anwendet und die Methoden- sowie Zielfrage stellt. Unterteilt man Platons Dialoge grob in frühere, mittlere und spätere, so lassen sich beide Schritte leicht den einzelnen Gruppen zuordnen, wenn auch nie in strikter Trennung. In seinen früheren Dialogen vollzieht Platon den *ersten* Schritt, indem er Fragen behandelt wie „Was ist Tapferkeit?" (›Laches‹), „Was ist Frömmigkeit?" (›Euthyphron‹), „Was ist Besonnenheit" (›Charmides‹), „Ist Tugend angeboren, einzuüben oder lehrbar?" (›Menon‹) oder „Was ist Gerechtigkeit?" (›Staat‹ I). In seinen mittleren Dialogen (etwa ›Symposion‹, ›Phaidon‹, ›Phaidros‹, ›Staat‹) faßt Platon dann seine ersten Überlegungen zusammen und stellt die Frage nach den Voraussetzungen der Was-ist-Frage. Als Antwort gilt für gewöhnlich Platons Lehre vom Ideenwissen, insbesondere der Idee des Guten. Die vermeintliche Antwort ist jedoch in Wirklichkeit die Naivität des alltäglichen Redens und Denkens in Form philosophischer Naivität, die den Dogmatismus des Alltagsverstandes zur Norm erhebt und das Problem mit der Antwort verwechselt. Erst im *zweiten* Schritt wird diese doppelte Naivität in Form einer Reflexion auf die vorangegangene Reflexion überschritten. Denn was sind eigentlich Ideen? Wie können wir etwas wissen und wozu brauchen wir ein verbessertes Wissen? Hiermit beschäftigt sich Platon in seinen späteren Dialogen, etwa im ›Theätet‹, ›Sophistes‹ und vor allem im ›Parmenides‹. Nach dem Aufstieg, um Platons Redeweise aus dem Höhlengleichnis im ›Staat‹ zu verwenden, vollzieht er dann in seinem Spätwerk, den ›Gesetzen‹, den Abstieg, indem er ganz konkrete Vorstellungen über den Aufbau eines Staates entwickelt, wie bereits zum Teil im ›Staat‹ selbst. Allerdings hat Platon auch in den früheren und mittleren Dialogen nie seine theoretischen Überlegungen von ihrer praktischen Zielsetzung getrennt.

Im ›Theätet‹ lassen sich zur praktischen Zielsetzung von Platons Philosophie drei mögliche Antworten erkennen: Philosophie als Philosophie-Therapie, als Praxis-Analyse und -Therapie sowie als Selbstzweck. Die erste Antwort, Philosophie-Therapie, nennt Platon zwar nicht ausdrücklich, führt sie aber hier so deutlich wie sonst in kaum einem anderen Dialog als Möglichkeit vor. Er setzt sich auf weiten Strecken mit den Auffassungen anderer Philosophen über das Wissen oder damit zusammenhängende Fragen auseinander, etwa in den Passagen über den Homo-mensura-Satz des Protagoras und über die Herakliteische Lehre vom Fluß aller Dinge sowie über die Parmenideische Lehre vom unbeweglichen einen Sein (152a–184a), ferner im Abschnitt über die Erkenntnislehre des Antisthenes (201–208b). Nun fördert zwar die argumentative Auseinandersetzung mit kontroversen Meinungen zweifellos die Lösung philosophischer Sachfragen. Dennoch liegt hierin leicht die berufstypische Gefahr des Philosophengezänks um bloße Worte (177e). Im normalen, alltäglichen Sprachgebrauch können wir nämlich „Wissen" und ähnliche Wörter ganz gut verwenden (196d f.). Gute Philosophie wäre daher Rückgewinnung des Alltagswissens von jedermann, wie man etwa auch Wittgensteins Absicht in den ›Philosophischen Untersuchungen‹ verstehen kann (z. B. §§ 106, 109, 116, 120, 124, 129, 599). Patient ist in diesem Fall nicht der Laie, sondern der Philosoph als Ursache der eigenen Krankheit, die er bei anderen zu heilen meint. In Platons Philosophie als „Hebammenkunst" (148d–151d, 210b–d) liegt der Anspruch einer Philosophie-Therapie. Geheilt werden soll der pseudophilosophische Versuch, Wahrheit (etwa hinsichtlich der Frage, was eigentlich Wissen ist) durch argumentative Geschicklichkeit von Experten oder durch Setzung des Stärkeren und gerade nicht durch gemeinsamen, von jedermann im Grunde bereits gekonnten Vernunftgebrauch zu ermitteln. Im harmloseren Fall kann es sich auch um die Abwehr unnötiger Spitzfindigkeiten in bloßen Wortgefechten handeln. Daher gilt es nach Platon, an die bereits von jedermann gekonnte Dialogkunst oder Dialektik zu erinnern, sie theoretisch aufzuhellen und praktisch einzuüben, entgegen dem Anschein einer bevormundenden Ideenschau und -lenkung seitens eines Philosophenherrschers (›Staat‹ VII).

Mit der Aufhellung und Einübung der Dialogkunst betreibt Platon nicht nur Philosophie-Therapie, sondern darüber hinaus auch zweitens *Analyse und Therapie von Praxis.* In weiten Teilen der Sophistik, insbesondere in bestimmten, wenn auch nicht notwendigerweise Protagoras selbst anzulastenden Konsequenzen des Homo-mensura-Satzes sah Platon den für das private und öffentliche Handeln folgenreichen Versuch, die gemeinsame, Autonomie sichernde Dialogbasis unserer Redepraxis zu zerstören und durch eine rhetorische Technik nach dem Prinzip des Stärkeren zu ersetzen, die Macht des stärkeren Argumentes gegen das Argument des Stärkeren einzutauschen (vgl. Platons Dialoge ›Gorgias‹, ›Protagoras‹, ›Phaidros‹, ›Sophistes‹). Dann bestünde die an den Sophisten gerühmte Öffentlichkeit des Wissens (Tenbruck 1976) nur zum Schein, nämlich als öffentlich ausgetragener Redekampf, nicht als gemeinsame Wahrheitssuche. Platons maieutische Dialogkunst steht im Kontrast zur dogmatischen Monologtechnik des Protagoras: Wir wissen immer schon, was Wissen ist, und brauchen uns auch sonst nicht über unsere handlungsleitenden Begriffe und Maximen von außen belehren zu lassen. Allerdings ist die Krankheit der Fremdbestimmung nicht bloße Privatsache einiger berufsmäßiger und bezahlter Weisheitslehrer, die eine schlechte Philosophie verkaufen, sondern ein weitverbreiteter Hang von jedermann, den Platon durch die Sophistik lediglich auf den Begriff gebracht und praktisch verstärkt sah. Daher ist seine Philosophie mehr als bloß interne Philosophie-Therapie. In seinen Frühdialogen analysiert Platon häufig die Neigung der Gesprächspartner, sich in ihren handlungsleitenden Vorstellungen mit einem eingebildeten, auf bloßer Meinung (anderer) beruhenden Wissen zu begnügen. In einem ersten Schritt verhilft Sokrates daher mit seiner berüchtigten Was-ist-Frage seinen Gesprächspartnern zu einem Wissen von ihrem Nichtwissen. Daß hierbei auch emotionale Widerstände zu überwinden sind, zeigen die Frühdialoge häufig. Beim sokratischen Dialog als gemeinsamer Wahrheitssuche geht es nicht nur um ein theoretisches Wissen, sondern auch um ein praktisches Können, vor allem um die Überwindung eines bloß subjektiven Standpunktes zugunsten einer Orientierung an den berechtigten Interessen aller Beteiligten. Wenn man diesen ersten Schritt der Destruktion naiven Alltagsredens, die einfache Reflexion, als praktisch notwendig akzeptiert, muß man auch den zweiten Schritt der Destruktion naiven Philosophieredens mitmachen, die doppelte Reflexion. Zu fragen ist nämlich: Warum sollen wir nicht in unserem Nichtwissen verharren? Und außerdem: Wie können wir eigentlich von unserem Nichtwissen wissen? Die erste Frage beantwortet Platon, indem er daran erinnert, daß unser Handeln immer schon auf das Gute, und das heißt das *wirklich* Gute bezogen ist (177d). Wegen der prinzipiellen Differenz zwischen wirklichem und vermeintlichem Guten können wir uns mit keinem bloß eingebildeten Wissen, also einem Nichtwissen vom Guten zufriedengeben. Daher sind wir aus praktischen Gründen genötigt, unser Wissen zu überprüfen, auch unser Wissen vom Wissen. Dabei geraten wir unweigerlich in sehr abstrakte und subtile Untersuchungen, die zwar nicht von jedermann nachvollzogen werden können, aber für ihn eine Bestätigung dessen sind, was er im Grunde immer schon weiß. Bei Platon kommt der professionellen Philosophie lediglich eine stellvertretende Analyse- und Hilfskompetenz zu, auf keinen Fall aber eine Entscheidungskompetenz in der Frage nach dem Guten.

Philosophie aus praktischer Nötigung scheint *Philosophie als Selbstzweck* zu widersprechen, die dritte noch zu diskutierende Antwort Platons auf die Frage „Wozu Philosophie?“. Der Philosophen-Exkurs im ›Theätet‹ (172c–177c) wird oft als Platons Überwindung eines extremen Relativismus und platten Pragmatismus interpretiert, wie er sich in einer bestimmten Auslegung bei Protagoras darbietet. Nicht der Mensch, sondern Gott ist der Maßstab aller Dinge (›Gesetze‹ IV 716c), worauf der ›Theätet‹ oft genug anspielt (158b, 161c, 162c). Insofern wir, so versteht man Platon oft, das eigentliche Wissen als Wissen der unwandelbaren Ideen erreicht haben, nehmen wir teil am Göttlichen und finden zu unserer Bestimmung im geordneten Ganzen des Seins, im Kosmos. Was der Mensch ist (174b), werde in Platons onto-theologischer Anthropologie beantwortet. Vor dieser höchsten Bestimmung des Menschen verblassen alle pragmatischen Verrichtungen als Mittel zum Zweck, und oft auch ohne Zweck. Nach dem Höhlengleichnis ist der Aufstieg zur Idee des Guten höchste und die einzig wahre Praxis, der Abstieg bloßer Rückfall in die Praxis der Schattengefechte, deren bessere Bewältigung zwar notwendig für unsere irdische Existenz ist, aber allenfalls sekundäre Bedeutung hat. Jedenfalls legt Platons Redeweise nicht nur im ›Theätet‹, sondern auch an vielen anderen Stellen eine solche Auffassung recht nahe. Allerdings widerspricht diese Lesart der Einheit der zweifachen Reflexion, nach der die höchste Philosophie letztlich der besseren Praxisorientierung von jedermann dient und keinesfalls göttliche „theoria" für einige wenige ist. Auch können wir das höchste Wissen nie durch direkten Zugriff erreichen, sondern immer nur verbunden mit einem Nichtwissen unserer menschlichen Fehlbarkeit. Genauso können wir das angestrebte Gute nie voll verwirklichen in unserem auf Scheitern angelegten Handeln (176a), ganz abgesehen von unserer Erkenntnisschwäche.

Selbstzweck ist Platons Philosophie jedoch insofern, als sie hilft, uns über das eigentliche Ziel unseres Wissens und Handelns aufzuklären, und insofern sie somit Analyse und Therapie unserer Praxis werden kann, die latent oder ausdrücklich von einer Pseudo-Philosophie bedroht wird und deshalb auch einer Philosophie-Therapie bedarf. Philosophie akzeptiert keine vorgegebenen Normen und theoretischen Vorannahmen, dient nicht als Mittel (der Denkschulung oder ideologischen Absicherung) einem vorgegebenen Zweck, sondern untersucht die vorfindbaren Zweck-Mittel-Beziehungen unter dem Gesichtspunkt ihrer Wahrheit und ihres wirklichen Nutzens. Insofern ist Philosophie Selbstzweck, wenn auch nicht ohne ein praktisches Ziel.

Wie können wir wissen, was Wissen ist? – Platon gibt uns im ›Theätet‹ genügend Hinweise, wie wir den Übergang vom Nichtwissen (des Wissens) zum Wissen (des Wissens) vollziehen können, ohne über ein höheres, unfehlbares Wissen (der Idee des Wissens) zu verfügen, wie die sogenannte Anamnesis-Lehre im ›Menon‹ suggeriert. Für den Übergang steht uns, wie der ›Theätet‹ zeigt, nichts anderes als unsere vorgängige Dialogpraxis zur Verfügung, mit den in ihr gelernten Unterscheidungen, die es aufzudecken und gemeinsam zu prüfen gilt. Kriterium der Prüfung ist die gemeinsame Zustimmung der Dialogpartner, die sich stets nur auf die jeweils verfügbaren und akzeptierten Kriterien beziehen können und auf eine erneute Revision ihrer Ergebnisse gefaßt sein müssen. Daher lassen sich bei Platon nie eindeutige, endgültige Positionen, sondern stets nur neue Reflexionsansätze finden, die dennoch um einen Grundkonsens über die Bedingungen unserer Dialogpraxis kreisen. Das Vorverständnis darüber, was Wissen ist, läßt sich einmal aus dem Vollzug des Dialogs selbst erschließen, insbesondere aus dem einleitenden Gespräch, sodann wird es an einzelnen Stellen ausdrücklich ausgesprochen.

Im Gespräch, das die Frage nach der ἐπιστήμη vorbereitet (143d–145e), knüpft Platon indirekt an das latente Vorverständnis an, indem er auffallend gehäuft verschiedene Synonyma verwendet. (1) Zunächst setzt Sokrates ἐπιστήμη mit Wissenschaften wie Geometrie gleich (143d). Er befindet sich damit in Übereinstimmung mit dem damaligen Sprachgebrauch, der seinerseits der bis dahin praktizierten Einheit von einzelwissenschaftlicher Forschung und Betrachtung des Ganzen (des Seins, der Natur) entspricht, im ›Theätet‹ exemplifiziert durch Thales (174a ff.). Die von Platon gegen die Sophisten gerichtete Unterscheidung von φιλοσοφία als „Liebe zur Weisheit" und σοφία als Besitz von „Weisheit" (etwa ›Symposion‹ 203–204c) spielt an dieser Stelle keine Rolle und kann auch von der Terminologie her nicht an den Dialog herangetragen werden. Vielmehr sind, wie auch die folgenden Unterscheidungen zeigen, die jeweiligen Bedeutungen der verschiedenen Ausdrücke für „Wissen" erst aus dem Zusammenhang zu erschließen. (2) Vor allem die zweite Bedeutung zeigt, daß man dabei Platon eine sehr bewußte Verwendung der verschiedenen Synonyma zutrauen und ihm keine fehlerhaften Äquivokationen unterstellen sollte – es sei denn in didaktischer Absicht. Wenn Sokrates „wissen" möchte (εἰδέναι, 143d), im Sinne von „erfahren" (πυνθάνεσθαι, 143e), wer jetzt zu den tüchtigen jungen Leuten gehört, führt von dieser Wortbedeutung ein direkter Weg zur ersten Definition, in der Theätet Wissen mit Wahrnehmung gleichsetzt. (3) Eine ähnliche Nähe zu Verben der sinnlichen Wahrnehmung hat die nächste Wortbedeutung. Bei der Frage, ob Sokrates den Theätet „kennt" (γιγνώσκειν, 144c), wird Wissen im Sinne von Kenntnis bzw. Bekanntschaft verwendet (knowledge by acquaintance). Wenn Platon später bei der Diskussion der Möglichkeit von Irrtum ständig von dieser Bedeutung ausgeht, wird man ihm dies kaum als versehentlichen Fehler anrechnen können, sondern nur als didaktische Absicht. (4) Wenn wir „Wissen" untersuchen, geht es auch um Selbsterkenntnis, um ein Wissen von unserem Wissen (vgl. ›Charmides‹). In Theätet, auf dessen äußere Ähnlichkeit mit Sokrates Theodoros hinweist, kann Sokrates sich selbst erkennen, indem er ihn wie sich selbst (als Ebenbild) betrachten kann (144d). Allerdings steht dabei, wie im ›Charmides‹ (154e), nicht die äußere Gestalt zur Diskussion, sondern die Seele hinsichtlich ihrer σοφία (145b). (5) Die damit angesprochene Beurteilungs- oder Prüfungspraxis führt zur nächsten Bedeutung von Wissen als Fachwissen. Zur Beurteilung etwa des Aussehens eines Menschen benötigt man das Fachwissen eines Malers (ἐπαΐειν, 144e–145d). Man muß etwas von der Sache verstehen. Vor allem das Fachwissen des Mathematikers spielt im gesamten Dialog eine wichtige Rolle, in der Wahl der Gesprächspartner, insbesondere des berühmten Mathematikers Theätet, in den mathematischen Beispielen sowie als Argument für die Existenz objektiven Wissens gegen Protagoras (168ef.). Die Qualifikation für eine Wissensprüfung läßt sich analog hierzu als ein Fachwissen vom Wissen erschließen. Daß es sich hierbei um ein besonderes Wissen handelt, das noch nicht mit dem sonstigen Fachwissen gegeben ist, betont vor allem Sokrates in der ›Apologie‹, als er seine Tätigkeit erklärt (22df.). (6) Allerdings leugnet Sokrates jedesmal, dieses entscheidende Wissen, letztlich das Wissen vom Guten, zu besitzen. Er könne nicht „begreifen“ (λαβεῖν, 145e), was Wissen ist. Im Gleichnis vom Taubenschlag (196dff.) verwendet Sokrates diesen Ausdruck häufiger, um die zweite Jagd nach den Tauben, den Übergang vom latenten, verborgenen zum wiedererinnerten Wissen zu bezeichnen. (7) An diesen Übergang, der den Weg andeutet, wie wir etwa ein Wissen vom Wissen erlangen können und wie auch Sokrates selbst mit seinem Nichtwissen trotzdem wahre von falschen Antworten unterscheiden kann, erinnert Sokrates mit seinem Hinweis auf das von Theätet erlernte Wissen in Geometrie, Astronomie, Harmonielehre und Arithmetik. Dabei geht Sokrates von dem übereinstimmend zugegebenen Faktum des Lernens aus, das er auch später gegen Protagoras verwendet. Wissen wird an dieser Stelle weder als das Gewußte noch als Wissenszustand verstanden, sondern als Prozeß. Lernen bedeutet, wie Theätet ebenfalls zustimmt (145df.), auf dem jeweiligen Gebiet sachkundiger (σοφώτερον) zu werden oder sich Sachkunde (σοφία) zu erwerben, wofür man auch „Wissen“ (ἐπιστήμη) einsetzen könne. Mit der Verbindung von Wissen und Lernen hat Sokrates seine Frage nach der ἐπιστήμη in den Erfahrungsbereich des Theätet als Schüler des Theodoros gestellt, zugleich aber auch den wichtigen Wink gegeben, wie wir etwas vom Wissen wissen können und was Wissen ist: Rückgriff auf und Verständigung über die gemeinsame Dialogpraxis.

Mit dem auffallenden Gebrauch der verschiedenen Wörter für Wissen hat der Platonische Sokrates im Einleitungsgespräch vorgeführt, daß wir bereits eine Menge vom Wissen im Vollzug des Wissens wissen (knowing how), in der Wissenspraxis. Wenn man ausdrücklich wissen will (knowing that), was Wissen ist, kann und muß man auf dieses Vorwissen vom Wissen zurückgreifen. Hierauf macht Sokrates im weiteren Verlauf noch an mehreren Stellen aufmerksam. So etwa, wenn er gegenüber Protagoras das (allerdings noch genauer zu interpretierende) Faktum der Lehr-Lern-Praxis geltend macht (161df., 170b; vgl. im Hinblick auf die Herakliteer 180bf.), oder bei der Diskussion über die Erkennbarkeit der Urbestandteile beim Lernen der Buchstaben (206af.). Das Vorwissen vom Wissen hebt Platon sogar ausdrücklich als notwendige Bedingung jeden Redens, also auch des Redens über das Wissen, hervor (196d–197a), und zwar bezeichnenderweise, bevor er im Gleichnis von der doppelten Taubenjagd auf die aus dem ›Menon‹ den Lesern des Dialogs bereits bekannte Wiedererinnerungslehre anspielt. Die jeweiligen Antworten oder Definitionsversuche von Wissen sind daher auf das bereits im einleitenden Gespräch ausgebreitete Vorwissen vom Wissen zu beziehen und an ihm sowie in wechselseitiger Korrektur zu prüfen.

Die Kunst der Dialektik besteht nach Platon darin, im Dialog, der kein bloß äußeres Darstellungsmittel ist und auch „innerhalb der Seele des einzelnen" stattfinden kann, die verschiedenen Bezüge „durchzugehen", in denen das Gesuchte und bereits grob Bekannte steht, und somit etwas *als* etwas im vorgängig bekannten „Ideengeflecht" wiederzuerkennen (vgl. ›Sophistes‹ 253b–e) oder, wie wir heute sagen würden im „Prädikatorengefüge" (vgl. die ›Logische Propädeutik‹ von Wilhelm Kamlah und Paul Lorenzen, Mannheim ²1973). Dabei sind die Abgrenzungen und Übereinstimmungen des Gesuchten mit verwandten Begriffen innerhalb des Ideengeflechts zu untersuchen, das sich, wie die wechselnden terminologischen und definitorischen Bestimmungen der Untersuchungsgegenstände in Platons Dialogen zeigen, keineswegs eindeutig präsentiert. Die Einbindung des jeweils Gesuchten oder zu Bestimmenden in das Ideengeflecht, wie es etwa bereits im Bild vom Taubenschlag in den Gruppierungen der Tauben angedeutet wird (vgl. Detel 1972, S. 57), verbietet ferner eine isolierte Betrachtung oder Fixierung bloß eines Gesichtspunktes. Daher ist auch für die Bestimmung der ἐπιστήμη zu vermuten, daß die Aufhebung der einzelnen Definitionsversuche nicht nur negativ zu verstehen ist, sondern zugleich als Bewahren des jeweils richtigen Teilmoments und als Fortentwicklung zum komplexen, wenn auch für uns nicht abschließbaren Ganzen des Ideengeflechts.

Daraus folgt, daß die gesuchte ἐπιστήμη nicht mit einer bestimmten Form von Wissen gleichgesetzt werden darf, etwa mit Ideenwissen im Sinne einer höchsten geistigen Wahrnehmung. Diese Gleichsetzung liegt nahe, wenn man die drei Definitionen im ›Theätet‹ auf das Liniengleichnis im ›Staat‹ (VI 509dff.) abbildet und dann die fehlende vierte Stufe als Lösung der Schlußaporie einsetzt. Vielmehr entfaltet sich Wissen von seiner ersten Erscheinungsform an über die Zwischenstufen bis hin zum Absoluten des Philosophen-Exkurses. Dabei bindet Platon deutlich seine Dialektik in die umgangssprachliche, fehlbare Dialogpraxis als Teilmoment menschlichen Handelns ein, das einzige Medium der Erkenntnis im Sinne gemeinsamer Selbstverständigung (Martens 1977, 1978). Die gemeinsame Dialogpraxis oder der gemeinsame Lehr-Lernprozeß ist Erklärungsgegenstand und Erklärungsmethode zugleich: ohne Dialog keine Erkenntnis und ohne Erkenntnis kein Dialog (›Theätet‹ 161e; ›Parmenides‹ 135b f.; ›Euthydem‹ 286e; ›Sophistes‹ 259e–260b). Daher ist bei dem nun folgenden Durchgang durch den Dialog besonders sorgfältig auf weitere Hinweise zu achten, *wie* wir etwas vom Wissen wissen können und *was* wir bereits davon wissen. Der Dialog als handlungsbegleitende Redepraxis steht ferner unter einem praktischen *Ziel,* der Idee des Guten. Auch dies wird der Fortgang des Theätet-Dialogs zeigen.

Was wissen wir vom Wissen? – Wenn wir fragen, was wir vom Wissen wissen, meinen wir sowohl Platons eigene, erst zu rekonstruierende Darlegungen als auch deren argumentative Überprüfung, als Verständigung über unser eigenes Vorverständnis. Dabei kann es nur um einen recht groben Umriß des im ›Theätet‹ verhandelten Themas gehen.

Wie in den meisten Definitionsdialogen der früheren Phase geht es auch im ›Theätet‹ zunächst um die Frage, wie die gesuchte Antwort aussehen soll (vgl. vor allem ›Menon‹ 71e–73c; ferner Laches 190e–191e; ›Euthyphron‹ 5d–6e; im ›Charmides‹ 159b ist dagegen die geforderte Zusammenfassung unproblematisch). In der Bestimmung der Definitionsweise steckt bereits eine Teilantwort auf die Frage nach dem Wissen. Wissen bezieht sich nach Sokrates immer auf das Gemeinsame vieler Einzelfälle, dessen Status als „Idee" hier noch keine Rolle spielt. Sowohl bei der Aufzählung der Einzelfälle als auch bei seiner Erläuterung der von Sokrates geforderten Definitionsweise greift Theätet auf ein Vorwissen zurück, einmal auf ein umgangssprachliches, dann auf ein fachwissenschaftliches Vorwissen aus der von ihm gelernten Mathematik. Die Einzelfälle der erfragten ἐπιστήμη umfassen theoretisches Wissen (Geometrie und die von Sokrates vorher aufgezählten Beispiele) und praktisches Können (Schusterei als Beispiel für die Handwerkskünste). Beides bildet im griechischen ἐπιστήμη eine Einheit (vgl. Snell 1924; Moravcsik 1979), ähnlich in den etwas altertümlichen deutschen Redewendungen „sich auf das Rechnen verstehen" oder „sie weiß bzw. versteht zu rechnen, sich zu benehmen, Klavier zu spielen" o. ä. Auch die „Sieben Weisen" (σοφοί) waren Praktiker und Theoretiker zugleich, etwa als Gesetzgeber, Schiedsrichter in Rechtsfällen oder als Ratgeber.

Wie aber verhalten sich beide Seiten zueinander, das theoretische Wissen und praktische Können? Warum muß man etwa ein ausdrückliches Wissen haben, was Wissen ist, wenn man sich doch praktisch auf etwas versteht?

Bereits bei der Definitionsforderung stellt sich die Frage, warum das von Theätet vorgeführte Können beim Aufzählen verschiedener, unumstrittener Wissensfälle in ein theoretisches Wissen gefaßt werden soll. Auch die Aufzählung von Beispielen kann durchaus eine zufriedenstellende Antwort auf die Frage sein, was Wissen ist. Muß man Begriffe definieren können, die man korrekt verwenden kann? Laches etwa, der anerkannt tapfere Feldherr, ärgert sich, daß er zwar wisse, was Tapferkeit ist, es aber nicht sagen oder definieren könne (›Laches‹ 194af.). Erst praktische Probleme machen, wie wir bereits sahen, bei Platon die Differenz von Können und Wissen zu einem Diskussionspunkt. Auch im ›Theätet‹ geht es nicht um eine theoretische Definitionsfrage, sondern um die Wissens- oder Lehr-Lernpraxis der Sophisten, insbesondere des Protagoras. Ist wirklich alles, was wir für Wissen halten oder was dafür ausgegeben wird, Wissen? Welche Kriterien haben wir zur Prüfung der verschiedenen Einzelfälle vermeintlichen Wissens? Was ist Wissen? Theätet beweist, daß er Sokrates' Forderung, das Gemeinsame der vielen Einzelfälle anzugeben, verstanden hat, indem er die allgemeine Forderung mit einem Beispiel aus seinem Erfahrungsbereich erklärt (Einteilung der Zahlen; vgl. das Definitionsbeispiel der „Gestalt" ›Menon‹ 74d–75c, der „Geschwindigkeit" ›Laches‹ 192af.). Dabei dreht sich das Verhältnis von Können und Wissen um. Während sich zuerst das im Können (hier: das Können in der Verwendung von „Wissen") enthaltene Wissen ausweisen mußte, soll sich nun das Wissen (hier: das Wissen um die richtige Definitionsweise) in einem Können bewähren. Wissen zeigt sich erst im Können, im rechten Gebrauch allgemeiner Regeln für den Einzelfall: in der Tat kann Theätet in der von Sokrates geforderten Weise definieren. Durch den Primat der Praxis oder des rechten Gebrauchs löst sich die endlose Iteration eines Wissens vom Wissen, die später als Problem stehenbleibt (200bf.), aber durch einen Rückgriff auf das vorher im Dialog Praktizierte durchaus auflösbar ist.

An die Erklärung und Demonstration der richtigen Definitionsmethode, die 208c–210a erneut problematisiert wird, schließt das Bild von der Sokratischen Hebammenkunst sinnvoll an, keineswegs als bloße Assoziation zum Eingeständnis des Theätet, daß er nicht mehr weiterwisse (148e). Das Bild umschreibt noch einmal den soeben und im Einleitungsgespräch praktizierten Vorgang der Wiedererinnerung und veranschaulicht, daß es hierbei vor allem um ein Können und nicht so sehr um ein Wissen geht. Die theologische, für uns wohl nur schwer nachzuvollziehende Redeweise von Gott als Ursache der Hebammenkunst (150c; vgl. ›Apologie‹ 20c–21e) könnte als Ausdruck für das unhintergehbare Anamnesis-Apriori gelten, für unser immer schon praktiziertes Können, durch Rückgriff auf das gemeinsam Gelernte im Dialog weiterzulernen. Ziel des Weiterlernens, einer

Definition für das Philosophieren, ist die Unterscheidung von wahren und falschen Behauptungen (150b, c; 151d). Damit ist eine weitere Präzisierung dessen gewonnen, was wir unter „Wissen" bereits verstehen.

Wissen als Wahrnehmung (151e–186e): 1. Definition. – Die Diskussion der ersten Definition, Wissen sei Wahrnehmung (αἴσθησις), erstreckt sich über gut die Hälfte des Dialogs, ein Zeichen dafür, wie ernst Platon diese Antwort nimmt. Theätet bringt seine Definition in Selbstanwendung in Form erscheinenden Wissens vor: Ihm „scheint jetzt jedenfalls" Wissen Wahrnehmung zu sein, weil derjenige, der etwas weiß, dieses Gewußte wahrnimmt ('perception' als Gewahrwerden, Bemerken). Damit greift Theätet auf ein im einleitenden Gespräch benutztes Vorverständnis zurück. Wissen als Wahrnehmung war dort eine der Auslegungsmöglichkeiten. Ist Wissen aber nichts anderes als Wahrnehmung? Und weiß Theätet wirklich, was Wissen ist, oder scheint es ihm nur so? Als Maßstab seiner Prüfung benützt Sokrates wie selbstverständlich zwei Kriterien: Wissen bezieht sich „immer auf etwas, das ist, und ist untrüglich" (152c; vgl. 178b). Beide Kriterien sind in der Tat unumstritten: Wenn jemand den Anspruch auf ein Wissen erhebt, behauptet er unausgesprochen zugleich, daß der von ihm gemeinte Sachverhalt der Wirklichkeit entspricht, eine Tatsache ist, und daß er sich darin nicht irre.

Mit der Prüfung der ersten Definition verbindet Sokrates zugleich eine Prüfung des protagoräischen Homo-mensura-Satzes, da beides dasselbe nur mit anderen Worten ausdrücke. Bei den Sinneseindrücken ist tatsächlich jedermann unfehlbarer Maßstab. Nach den beiden zugrunde gelegten Kriterien ist Wahrnehmung „so wie Wissen" (152c). Dabei beurteilt Sokrates die Definition nicht zirkulär an einem gerade geleugneten objektiven, sondern an einem subjektiven Seinsbegriff, der allerdings im Hinblick auf das „Gute und Schöne" (157d) später von ihm kritisiert wird. Auch das zweite Kriterium, die Unfehlbarkeit, ist erfüllt, jedenfalls wenn man mit Protagoras leugnet, daß man ein objektives Kriterium habe, um etwa zwischen normalen und anormalen Zuständen unterscheiden zu können. Dann sind auch Träume, Krankheiten, Halluzinationen oder Sinnestäuschungen keine Gegenbeispiele. Die nicht zu leugnenden Wissensunterschiede etwa in der Unterrichtspraxis erklärt Protagoras durch die anfangs bereits vorgeführte Unterscheidung zwischen theoretischem Wissen mit den Kriterien wahr/falsch und praktischem Können mit den Kriterien besser/schlechter (166d–167d). Ähnlich wie der Arzt kann der Sophist anderen aus einem schlechteren zu einem besseren Zustand verhelfen. Auch die Selbstanwendung trifft daher die Lehre des Protagoras nicht, da sie keine von der Praxis getrennte, absolute theoretische Wahrheit beansprucht (Emsbach 1980). Man kann sie allenfalls auf praktischer Ebene treffen. Andererseits kann

Protagoras nicht auf dem Maßstab der Subjektivität verharren, wenn er mit seiner „Lehre“ auf die Zustimmung anderer rechnet. Dann muß er sich eine Kritik seiner eigenen Maßstäbe auch auf theoretischer Ebene gefallen lassen. Dann wäre Platons Beharren auf Allgemeingültigkeit der behaupteten Lehre berechtigt und die Selbstanwendung des Homo-mensura-Satzes eine Widerlegung, wenn natürlich auch nicht aus der Sicht des Protagoras. Platon greift aber den Satz vor allem auf praktischer Ebene an. Er gelte nur für die Sinneswahrnehmungen (vgl. 171df. mit 152c), nicht aber etwa für ärztliches Wissen oder das Wissen, was einer Polis nützt (172af.). Im anschließenden Philosophen-Exkurs setzt Platon dem Pragmatismus des Protagoras (Schiller 1908) seinen kritischen Pragmatismus entgegen: die Bestimmung des Wahren als das Nützliche vergißt die Frage nach der Wahrheit des Nützlichen, auf die es jedem Handeln ankommt (177d; ›Staat‹ VI 505df.; ebenso Aristoteles, ›Nikomachische Ethik‹ I 1), selbst dem Handeln des Mörders (›Gorgias‹ 468a–e). Gerade das wirklich Gute aber verfehlen wir, wie jeder zugeben wird, oft genug (178a). Wie können dann die Sophisten, so ließe sich fragen, sicher sein, daß sie jemandem wirklich zu einem besseren Zustand verholfen haben? Und wie kann der Betroffene selber sicher sein? Die erste Definition enthält lediglich eine Teilwahrheit, da sie nur auf die momenthafte Sinneswahrnehmung zutrifft (179c), und wird durch ihre Absolutsetzung falsch. Nur die genannte Wissensform der Wahrnehmung, aber keineswegs jede andere der anfangs unterschiedenen Wissensformen erfüllt das Kriterium der Unfehlbarkeit.

Dieselbe Kritik ergibt sich vom zweiten Kriterium her, dem Seinsbezug (179d–186e). Die Behauptung des durchgängig relativen Seins würde jede Möglichkeit eines gemeinsamen, auf Intersubjektivität angelegten Dialog zerstören (179e; vgl. 161ef.); auch wäre eine Unterrichtspraxis unmöglich (180bf.). Denn jeder würde über etwas anderes reden, weil keine gemeinsamen Bezugspunkte bestehen (vgl. zur – nicht recht ernst gemeinten – Etymologie von ἐπιστήμη als Fest-Stellung ›Kratylos‹ 412a, 437a). Eine absolute Relativierung der Wortbedeutungen hätte Nicht-Kommunikation zur Folge (183af.), ebenso deren absolute Fixierung, da sie der Fehlbarkeit menschlichen Wissens nicht gerecht wird. Auf die Unvermeidbarkeit des Allgemeinen (κοινόν, 185b) geht Sokrates bei seiner abschließenden Widerlegung näher ein (184b–186e). Er unterscheidet zwischen der Mannigfaltigkeit der sinnlichen Eindrücke, die wir „vermittels“ der verschiedenen Sinnesorgane wahrnehmen, und deren allgemeinen Bestimmungen, die wir durch die „Seele oder wie man es nennen soll“ (184d) erkennen. Diese allgemeinen Bestimmungen muß man, was Platon allerdings an dieser Stelle nur andeutet, ferner als – modern gesprochen – Prädikate erster und zweiter Ordnung unterscheiden. Bereits dadurch, daß wir etwas *als* etwas bezeichnen oder auf etwas *als* etwas hindeuten, schreiben wir einem Einzelding oder einem Einzelereignis eine allgemeine Bestimmung zu, „irgendeinen einheitlichen Gesichtspunkt" (μίαν τινὰ ἰδέαν, 184d). Wahrnehmung hat prädikativen Charakter. Wahrnehmung, die immer schon „artikuliert", d. h. „gegliedert" ist, geschieht vermittels der Sinne durch die „Seele" (vgl. Hegels Kapitel über „hier und jetzt" in der ›Phänomenologie des Geistes‹). Wir nehmen aber nicht nur etwas *als* etwas wahr, sondern schreiben ihm auch weitere allgemeine Bestimmungen zu, Prädikate zweiter Ordnung. Wir „denken" etwa (διανοεῖσϑαι, 185a), daß Ton und Farbe „sind", daß sie voneinander „verschieden", mit sich selbst „gleich", beide zusammen „zwei" sind und jedes „eines" ist (vgl. zu den μέγιστα γένη, den „obersten Gattungen", ›Sophistes‹ 254d ff.). Wir meinen diese Bestimmungen immer schon mit und müssen sie verstanden haben, gleichsam als „Transzendentalien" jeder Prädikation, wenn wir überhaupt etwas *als* etwas wahrnehmen bzw. bezeichnen. Bezeichnen aber müssen wir es, wenn wir uns mit anderen oder mit uns selbst verständigen wollen. Die Vorgänge der Wahrnehmung vermittels der Sinne und die Prädikation erster und zweiter Ordnung durch das Denken bilden eine unauflösliche Einheit.

Von einem relativen Seinsbegriff her hatte Platon der Wahrnehmung Unfehlbarkeit zugestanden und sie als eine zulässige Wissensform akzeptiert. Versteht man jedoch „Sein" als allgemeine, mit jeder Wahrnehmung notwendig verbundene Bestimmung, kommt der unmittelbaren sinnlichen Wahrnehmung kein Seinsbezug zu, somit auch kein Wahrheitsbezug. Nach beiden anfangs akzeptierten Kriterien ist Wissen somit nicht Wahrnehmung (186c–e). Bei seiner abschließenden Widerlegung der ersten Definition erinnert Platon noch einmal an den praktischen Ausgangspunkt der theoretischen Untersuchungen über das Wissen, die Unterrichtspraxis. Die Wahrnehmungsfähigkeit (jetzt als rein sinnliche Perzeption verstanden) kommt allen Menschen und Tieren „von Natur" zu. Aus den Wahrnehmungen aber wahre oder falsche „Schlüsse" zu ziehen (λογίσματα), ob etwas ist oder nicht ist und ob es etwas Nützliches ist, ist nur „bei vielen Übungen und durch Unterweisung (παιδεία)", zudem nur mühsam und nicht für alle möglich (186b f.; vgl. das „Bildungsprogramm" ›Staat‹ VII 518d ff.). Mit der praktischen Frage ist zugleich die Methodenfrage angeschnitten, wie wir etwas wissen können. Das Anamnesis-Apriori ist uns, wie man aus dieser Stelle erschließen kann, nur als allgemeine, formale Möglichkeit angeboren und muß erst durch einen mühsamen Lehr-Lernprozeß im einzelnen inhaltlich und methodisch ausgebildet werden.

Wissen als wahre Meinung (187a–201c): 2. Definition. – Die beiden Kriterien für Wissen, Seins- und Wahrheitsbezug, werden nach den vorangegangenen Überlegungen nicht von der Wahrnehmung, sondern allenfalls von der Seele erfüllt, „wenn sie sich für sich genommen mit dem beschäftigt, was ist". Diesen Vorgang nennt man „meinen" (δοξάζειν). Aus dem bisherigen Gesprächsverlauf ergibt sich daher konsequent als zweite Definition, Wissen sei Meinung oder, in Absetzung gegen falsche Meinung nach dem Kriterium des Wahrheitsbezugs, „wahre Meinung" (ἀληϑὴς δόξα, 187a f.).

Diese neue Definition prüft Sokrates von ihrem Gegenbegriff her, der „falschen Meinung", der zunächst mehr Schwierigkeiten macht, jedenfalls dann, wenn man, wie bereits im Einleitungsgespräch als eine Möglichkeit vorgeführt wurde, Wissen mit Kenntnis gleichsetzt. Genau diese Gleichsetzung, nach der Wissen schließlich so etwas wie geistige Wahrnehmung ist, kritisiert Platon, indem er ihre unhaltbaren Konsequenzen zeigt. Denn man kann dann nur etwas wissen bzw. kennen oder nicht wissen bzw. nicht kennen, aber keine falsche Meinung von etwas haben. Der ganze für den Menschen kennzeichnende Zwischenbereich des Lernens, der ständigen Verflechtung von wahrer mit falscher Meinung fällt somit weg. Wenn eine solche Konsequenz aber absurd ist, kann man auch nicht an der Voraussetzung festhalten. Die Schwierigkeiten, die sich aus der Gleichsetzung von Wissen bzw. Meinen mit Kenntnis für die Bestimmung der falschen Meinung ergeben, diskutiert Sokrates in fünf Ansätzen.

Beim *ersten* Ansatz wird ausdrücklich Lernen und Vergessen ausgeklammert, jedenfalls „für jetzt" (188a), und lediglich die Alternative von Wissen und Nichtwissen angenommen. Dann ergibt sich die Schwierigkeit, daß falsche Meinung nicht möglich ist, da man weder Gewußtes mit Nichtgewußtem noch jeweils beides miteinander verwechseln kann. Entweder meint man etwas, das man weiß (kennt), oder man meint überhaupt nichts. Wenn man aber nichts meint, wie es *zweitens* heißt, meint man überhaupt nicht, analog zu den Sinneswahrnehmungen. Als Ausweg aus diesem Dilemma wird *drittens* die Erklärung von falscher Meinung als „etwas anderes meinen" (ἀλλοδοξία, 189b f.) angeboten, die Verwechslung von etwas mit etwas. Daraus ergeben sich aber dieselben Schwierigkeiten wie beim ersten Ansatz. Die jedesmal zugrundeliegende Gleichsetzung von Wissen mit Kennen läßt sich leicht als Fehler zurückweisen, ohne daß man ihn Platon selber ankreiden könnte, wenn man sich etwa an die bewußten Unterscheidungen im Einleitungsgespräch erinnert – und Erinnerung an vorgenommene Unterscheidungen ist sicher ein wichtiger Bestandteil des Dialogs. Der Fehler dieser (bei Platon aus didaktischen Gründen vorgenommenen) Gleichsetzung liegt nun darin, daß grammatisch gleiche Ausdrücke auch in ihren übrigen Eigenschaften gleich behandelt werden. Sowohl Verben der sinnlichen Wahrnehmung wie „ich sehe, höre, fühle etwas" als auch Verben, die geistige Vorgänge bezeichnen, wie „ich weiß, meine, erkenne etwas", haben ein direktes grammatisches Objekt; also, so scheint es, beziehen sich beide auf Objekte, wenn auch verschiedener Art, einmal sinnliche, dann geistige. Diese Analogie führt zum bekannten Dualismus und Chorismos von Sinnlichem und Geistigem, in dem viele Interpreten den einzigen Inhalt der sogenannten Platonischen Ideenlehre sehen. Beim falschen Meinen führt die Analogie zur Auffassung, das Falsche sei genauso Objekt des Meinens wie etwa Theätet Objekt des Sehens ist. Wie man aber nicht Nicht-Seiendes oder nicht nichts sehen kann – es sei denn in der scherzhaften Wendung „ich sehe viele, die nicht hier sind" –, so kann man auch nicht Nicht-Seiendes oder nicht nichts meinen. In dem einen Fall kann man überhaupt nicht von einem Sehen, in dem anderen Fall nicht von einem Meinen sprechen. Die Auflösung des in dieser Analogie enthaltenen Fehlers liegt, wie Patzig (1968) erläutert, darin, daß Falsches nicht Objekt der Meinung, sondern diese selbst falsch ist. Man kann bei Redewendungen wie „ich sehe Rotes" zwar nicht von einem roten Sehen sprechen, aber generell von einem falschen Meinen. Ferner zielt das Meinen auf einen Sachverhalt, der entweder in der Wirklichkeit besteht oder nicht besteht, eine Tatsache ist oder nicht. Eine falsche Meinung bezieht sich dann auf einen nicht-bestehenden Sachverhalt, nicht auf nichts.

Im ›Sophistes‹ nimmt Platon das Problem der falschen Meinung wieder auf. Hier werden nun ausdrücklich die Ideen nicht als geistige Gegenstände behandelt, sondern sie haben ihren Ort in einem „Ideengeflecht" („Prädikatorengefüge") und lassen sich durch die Kunst der Dialektik dihairetisch, durch Einteilung, Abgrenzung und Zuordnung zu verwandten Begriffen (Ober- und Unterideen) bestimmen. Diese Kunst wird bereits in den Sokratischen Frühdialogen vorgeführt (vgl. Detel 1973), wenn auch erst später expliziert, etwa bereits im ›Phaidros‹ (264e–266c). Dabei behauptet Platon nicht, daß wir eindeutig richtige Dihairesen vornehmen können (vgl. ›Politikos‹ 258b6–10, 265a ff.), und auch die abgelehnten Dihairesen sind nicht schlechthin falsch (vgl. Detel 1972, S. 108, Anm. 45). Unser Wissen vermischt sich stets mit Nichtwissen, ist „Liebe zur Weisheit", nicht deren endgültiger Besitz.

Liest man das Wachsblock- und das Taubenschlaggleichnis, den *vierten* und *fünften* Erklärungsansatz der falschen Meinung, vor dem Hintergrund der Platonischen Ideenlehre als Prädikationstheorie unserer immer schon ausgeübten Dialogpraxis, so geben sie durchaus bereits Hinweise auf Platons Lösung. Vordergründig wird zwar beidesmal Wissen als Wissensstück und dessen Besitz behandelt, besonders deutlich im Beispiel der Personenverwechslung, welches Wissen mit Kennen bzw. Wiedererkennen gleichsetzt (knowledge by acquaintance). Bei genauerer Analyse aber (Detel 1972) läßt sich beidesmal die bereits aus dem Menon bekannte Anamnesisstruktur als Zuordnung der richtigen, bereits latent gewußten Bestimmungen zum gesuchten Erkenntnisgegenstand feststellen: (1) Erwerben des Wissens (Einprägen der Siegelabdrücke bzw. erstes Einfangen der Tauben); (2) latenter Besitz des Wissens (der Siegelabdrücke bzw. der Tauben); (3) Wiedererinnerung (Vergleich des Wahrgenommenen mit den Siegelabdrücken bzw. zweite Jagd nach den Tauben). Bei der dritten Stufe ist eine falsche Meinung durch Verwechslung möglich, wenn man dem Erkenntnisgegenstand zwar Bestimmungen zuordnet, aber „andere", als ihm zukommen, oder platonisch gesprochen, andere als solche, an denen er „teilhat" (Detel 1972). Die komplizierte Kombinatorik der verschiedenen Verwechslungsmöglichkeiten dient kaum zur Problemlösung, sondern eher zur Verwirrung unaufmerksamer Leser, die Wissen immer noch mit einer Art geistiger Wahrnehmung gleichsetzen. Für sie wäre ein „Wissen vom Wissen" (vgl. 200a f.) lediglich als eine oberste Ideenschau befriedigend, die jedes Wissen und Nichtwissen eindeutig zu unterscheiden erlaubte. Im ›Charmides‹ wird für das „Wissen vom Wissen" das „Wissen vom Guten" eingesetzt (174b ff.): erst im praktischen Gebrauch kann sich die Tauglichkeit eines Wissens bewähren, nicht durch einen theoretischen Abschluß. Dies hatte bereits Theätet vorgeführt, als er zeigte, daß er im von Sokrates geforderten Sinne definieren kann.

Die zweite Antwort scheitert nicht nur an der Erklärung der falschen Meinung, sondern auch an einem neuen Kriterium für das Wissen, das Sokrates vom Augenzeugenwissen her gewinnt (201a f.) und das zur dritten Antwort führt. Wenn Sokrates von den Gerichtsrednern und Advokaten behauptet, sie würden nur „überreden" und nicht „lehren" (διδάσκοντες), sondern nur „bewirken, daß man meint", kommt er auf den Philosophen-Exkurs zurück, in dem er dem Argument des Stärkeren das stärkere Argument entgegensetzte, das philosophische Wissen. Rhetoren können in der kurzen ihnen zur Verfügung stehenden Zeit weder ein Wissen vermitteln, noch haben sie und die Richter selber ein Wissen darüber „wovon nur ein Augenzeuge etwas wissen kann" (ἰδόντι μόνον ἐστὶν εἰδέναι). Im griechischen Text (ἰδόντι) liegt eine deutliche Anspielung auf die etymologische Verwandtschaft von *Wissen* (als sinnliche Wahrnehmung) mit Sehen (vgl. auch lat. vid-). Der Richter kann bestenfalls aufgrund wahrer Meinung, aber nicht aufgrund eines Wissens urteilen. In der Tat reicht es nicht, wenn jemand zufällig recht hat, weil sonst jede Meinung als wahre Meinung ausgegeben werden könnte. Vielmehr muß man auch Gründe für seine Behauptungen angeben können, die allerdings nicht in jedem Fall, sondern nur bei Beobachtungen von Ereignissen oder Personen ein Augenzeugenwissen voraussetzen. Auch hier geht Platon geradezu penetrant deutlich von der fehlerhaften Gleichsetzung von Wissen mit Kennen aus, wohl um noch den letzten Leser stutzig zu machen. Auf jeden Fall läßt sich aus dem angeführten Augenzeugenwissen als neues Kriterium für Wissen dessen „einsichtige“ oder „einleuchtende“ Begründbarkeit gewinnen. Was zur wahren Meinung hinzukommen muß, damit es ein Wissen ist, wird in der nächsten Definition zu klären versucht.

Wissen als wahre Meinung verbunden mit Erklärung (201d–210c): 3. Definition. – Die dritte Definition des Wissens als „wahre Meinung verbunden mit Erklärung“ (ἡ μετὰ λόγου ἀληθὴς δόξα) ergibt sich sinnvoll aus dem vorangegangenen Dialog. Theätet erinnert sich zwar an der passenden Stelle, die Definition von einem anderen gehört zu haben, kann sie aber selber nicht erklären und gibt somit ein Gegenbild zu dem von ihm definierten Wissen ab. Auch Sokrates spart bei den drei diskutierten Bedeutungen von λόγος genau diejenige aus, auf die es in diesem Zusammenhang ankommt: das von ihm selber ständig postulierte „Rechenschaftgeben“ (vgl. etwa 169af., 175cf.). Damit gibt Platon seinen Lesern erneut Gelegenheit zum Selbstdenken. Wer Wissen als Tätigkeit nicht praktiziert, kann auch nicht sinnvoll darüber reden oder belehrt werden. Allerdings gilt nicht der Umkehrschluß, nach dem man daraus, daß jemand Wissen nicht zufriedenstellend definieren kann, folgern könnte, daß er kein Wissen hat. Schließlich wird gerade Theätet als hervorragender Mathematiker nachdrücklich gelobt. Die an ihm sichtbare Differenz von Können und Wissen deutet auf die erste Schlüsselfrage, wozu wir (ausdrücklich) wissen sollen, was Wissen ist.

Aus der nun zur Prüfung anstehenden dritten Definition ergibt sich die Konsequenz, daß nur das wißbar ist, wovon es eine Erklärung gibt. Damit steht die Unterscheidung von Wißbarem und Nichtwißbarem zur Diskussion. Die von Sokrates referierte These des Antisthenes, daß die ersten Elemente (Buchstaben) nicht wißbar, sondern nur benennbar seien, daß dagegen das aus ihnen Zusammengesetzte (die Silben) eine Erklärung als „Verknüpfung von Benennungen“ zuließen und somit wißbar seien, weist deutlich auf die vor allem im ›Parmenides‹ diskutierte Problematik des Einen und Vielen voraus, die eine naive Ideenlehre ad absurdum führt, nach der eine theoretische Erklärung das einholen soll, was sie bereits voraussetzt: das praktische Können der Verknüpfung von Begriffen und Aussagen. Auch die komplizierte Untersuchung von Begriffen wie „Gesamtheit“, „Ganzes“ und „sämtliche“ gibt einen Vorgeschmack auf den ›Parmenides‹. Allerdings führt Sokrates seine Gesprächspartner wieder in die Irre, wenn er in Erinnerung an das Lernen der Buchstaben und Töne die erste These umkehrt und nun behauptet, daß gerade die Urbestandteile klarer erkennbar und wichtiger seien als das Zusammengesetzte (206b). Wenn man sich aber klarmacht, wie man etwas tatsächlich „auseinanderhalten“

kann (διαγιγνώσκειν, 206a), so wird erneut deutlich, daß man *eines* nur in Abhebung zu *anderem* unterscheiden kann und überhaupt erst braucht. Das Eine und das Viele sind immer schon miteinander verbunden, und deshalb sind beide Thesen für sich genommen falsch, aber zusammen richtig. Erinnert man sich somit an die eigene Lernpraxis genauer als Sokrates provozierend unterstellt, wird einem diese Dialektik erneut bewußt.

Wenn man „wißbar" durch „erklärbar" erklärt, muß man wissen, was Erklärung (λόγος) ist. Schon die Formulierungen zeigen, daß eine Prüfung dieser Ausdrücke notwendig zirkulär ausfällt. Wissen läßt sich nur mit Wissen erklären, Erklärung nur durch Erklärung wissen. Durch den Vorgang der Wiedererinnerung wird jedoch vermieden, diesen Zirkel als fehlerhaft zu verwerfen. Zur Erklärung des im Griechischen äußerst vieldeutigen Wortes λόγος greift Sokrates auf drei gebräuchliche Unterscheidungen zurück, die sich jedoch alle als unbrauchbar für die Kennzeichnung von Wissen erweisen. „Rede" („er erklärte" im Sinne von „er sagte") macht, wenn man an das Augenzeugenwissen denkt, wahre Meinung nicht zum Wissen: es ist für sie äußerlich, ob man sie ausspricht oder nicht (vgl. 189ef.). Auch „Aufzählen der Teile" ist nicht das für Wissen gesuchte typische Zusatzmoment, sondern gehört bereits zur wahren Meinung. Die dritte Bedeutung „unterscheidendes Merkmal" (Wesensmerkmal, differentia specifica) kommt der Lösung recht nahe. Nur wer die Unterschiede und Gemeinsamkeiten von etwas im Verhältnis zum übrigen angeben kann, hat ein Wissen (208d), vermittelt durch die Kunst der Dialektik. Für eine Definition genügt nicht der eingangs nur verlangte gemeinsame Oberbegriff (genus proximum; vgl. 146cff., 185b), sondern ist auch das vom übrigen abgrenzende, unterscheidende Merkmal erforderlich. Die Zurückweisung der dritten Bedeutung von λόγος geschieht durch die wiederholt benutzte, absichtliche Gleichsetzung von Wissen mit Kennen. Die Person Theätet etwa kann man tatsächlich nur kennen, wenn man sie von allen übrigen Personen unterscheiden kann. Dies gehört aber bereits zur wahren Meinung und ist immer noch nicht das gesuchte zusätzliche Moment, sondern eine bloße Verdopplung. Die fehlerhafte Gleichsetzung von Wissen und Kennen kann nur derjenige erkennen, der selber denkt und sich eben nicht auf bloße Kenntnisnahme von etwas beschränkt: Man muß Gründe dafür angeben können, warum man einem Erkenntnisgegenstand gerade diese und keine anderen Bestimmungen zuschreibt, während man sich beim Kennen einfach auf Fakten berufen kann, die man eben zu beschreiben und zu vergleichen hat. Die Angabe von Gründen (αἰτίαι) wird im ›Menon‹ als Übergang von der wahren Meinung zum Wissen bezeichnet, der sich mit Hilfe der Anamnesis vollzieht (85b–86c; 97e–98b). Auf die Angabe von Gründen, warum man etwas so und nicht anders behauptet, drängt Sokrates in sämtlichen Dialogen bei seiner Prüfung der jeweiligen Antworten.

Schluß-Aporie und Weiterdenken (210af.). – Was nun genauer Gründe und gute Gründe sind, bedürfte zweifellos weiterer Untersuchungen. Immerhin konnten wir, entgegen der scheinbaren Schluß-Aporie (210af.), bereits aus dem ›Theätet‹ umrißhaft lernen, was Wissen ist, wie wir etwas vom Wissen wissen können und wozu wir es sollen. Die beiden Schlußhinweise des Dialogs skizzieren noch einmal den Rahmen der Untersuchungen. Der anstehende Prozeß gegen Sokrates deutet den praktischen Hintergrund an, wie bereits im Philosophen-Exkurs. Der Hinweis auf den unmittelbar anschließenden ›Sophistes‹ zielt noch einmal auf die Methodenfrage, die Wiedererinnerung an das bereits gewußte „Ideengeflecht". Beide Dialoge schließlich, der ›Theätet‹ wie der ›Sophistes‹, greifen die Frage aus dem ›Charmides‹ nach dem „Wissen vom Wissen" auf. Im ›Theätet‹ erinnern nicht nur die Eingangssituation (Ringschule, Erkundigung nach den tüchtigen jungen Männern, Prüfung des Gelobten, Körper-Seele-Prüfung usw.) sowie die iterative Wissensprüfung an den ›Charmides‹ (200af.), sondern auch die am Schluß ebenfalls erwähnte „Sophrosyne" (σωφροσύνη) als Wissen von unserem Nichtwissen in einem unabschließbaren Prozeß sokratischen Rechenschaftgebens oder Weiterdenkens.

Die am ›Theätet‹ untersuchte Verbindung der Inhalts-, Methoden- und Zielfrage hat einige mögliche Mißverständnisse ausräumen können, die eine konstitutive, prozeß- und personenorientierte Philosophie-Didaktik aufkommen lassen könnte:

– Auch ein prozeßorientiertes, personenbezogenes Philosophieren ist *nicht inhaltslos,* abgelöst von einem Produkt eines philosophischen Prozesses. Sokrates greift auf verschiedene inhaltliche Wissensmomente zurück, sowohl aus dem Dialogkreis der Partner als auch aus der damaligen „Fachdiskussion", und bemüht sich mit seinen Unterrednern um eine Klärung dessen, was Wissen ist.
– Die Methode des Selbstdenkens ist *keineswegs Wiederholung des anfänglichen Nichtwissens* der Beteiligten und auch keine Verdoppelung des naiven Alltagsdogmatismus durch eine naive, vermeintlich philosophische Ideenlehre. Beides soll vielmehr durch gemeinsame Prüfung überwunden werden. Die Methode wird als praktisches Können vorgeführt und läßt sich auf keine festen Regeln reduzieren. Enttäuscht über den aporetischen Ausgang kann nur derjenige sein, der auf ein festes Wissen hofft und aus dem Dialog nichts dazugelernt hat.
– Die Zielfrage als Frage nach dem praktischen Nutzen des philosophischen Weiterdenkens hat *keine Reduktion auf bloße Tagesaktualität* zur Folge. Andererseits ist Platons Philosophie letztlich von dem prakti-

schen Interesse bestimmt, das vermeintliche Gute im Hinblick auf das wirklich Gute zu prüfen. Damit ist ein Bezug auf faktische, konkrete Interessen und Probleme gegeben, allerdings in kritischer Absicht. Ausgangs- und Zielpunkt des Philosophierens sind die philosophierenden Subjekte in ihrem konkreten Wissen und Handeln, das einer gemeinsamen Prüfung unterzogen wird.

4. Produkt und Prozeß – die Sophisten als „Händler"

Das sokratisch-platonische Philosophieren als Prozeß gemeinsamer Selbstverständigung unter der Leitidee des Guten, als φιλοσοφία, „Liebe zum Wissen", gewinnt seine genauere Gestalt erst durch Abgrenzung von der sophistischen Philosophie als Produkt in Form eines Wissenskanons und einer Wissenstechnik, als σοφία, „(Besitz des) Wissen(s)". Platons wiederholter Vorwurf gegen die Sophisten, etwa zu Beginn des ›Protagoras‹, lautet, sie würden wahl- und ziellos, ohne Frage nach dem wirklichen Nutzen, alles mögliche Wissen lehren und eine rhetorisch-argumentative Technik vermitteln, mit deren Hilfe man jede beliebige Position beziehen, „das schwächere Argument zum stärkeren machen" könne. Da sie Wissen wie austauschbare Waren ohne Rücksicht auf ihren wirklichen Gebrauchswert behandeln und gegen Geld in ihren Unterrichtskursen handeln, bezeichnet Platon sie als „Händler", so zum Beispiel im Dialog ›Der Sophist‹ (223c–224e). Philosophie wird, so läßt sich Platons Kritik auch formulieren, von den Sophisten von ihrer Didaktik, vom konkreten Vermittlungsprozeß getrennt. Diese Trennung verdeutlicht Platon mit dem bereits angesprochenen Bild für „Bildung und Unbildung" im Höhlengleichnis. Erkenntnis wird dort als recht schmerzhafter, in mühsamen Schritten zu vollziehender Vorgang der Befreiung von bloß eingebildetem Wissen, vom bloßen „Meinen" (δόξα) und der gleichzeitigen Gewinnung eines Wissens-Standpunktes geschildert, der nicht in einem theoretischen Erfassen von Einzelideen oder einer höchsten Idee des Guten besteht, sondern sich erst in der Bewegung von Aufstieg und Abstieg zurück in die Höhle zu bewähren hat. Die im Bild auseinandergefalteten Momente: Wissen des Nichtwissens und Wissens, Aufstieg und Abstieg, bilden eine prozessuale Einheit. Die scheinbar aporetischen Frühdialoge enthalten bereits „die Lösung". Das erreichte Wissen (ἐπιστήμη) – nicht in Form nur einer „wahren Meinung" (ἀληθὴς δόξα), die auch nur auf Treu und Glauben beruht (vgl. ›Menon‹ 97a ff.; ›Theätet‹ 201a ff.) – ist nicht lediglich im Aufstieg zu einem theoretischen Wissen, sondern nur zugleich im Abstieg als Bewährung eines praktischen Könnens lehr- und lernbar. Den damit verbundenen

Lehr-Lernprozeß bezeichnet Platon als „Herumwendung“ (περιαγωγή), der sich „mit der ganzen Seele“ (σὺν ὅλῃ τῇ ψυχῇ) vollziehe; die (offensichtlich hier gemeinten) Sophisten dagegen würden den Seelen ein Wissen einsetzen, „wie blinden Augen das Augenlicht“ (›Staat‹ VII 518b–d).

Platons Auseinandersetzung mit den Sophisten ließe sich als rein philosophieinternes Problem nur unvollständig verstehen. Der Prozeßcharakter seines Philosophierens, der Bezug auf konkrete Subjekte in einer konkreten Situation, verlangt bereits aus systematischen Gründen, auf die gesellschaftlich-politischen Verhältnisse einzugehen, ohne sie erst von außen herantragen zu müssen. Zudem lassen sich Platons Hinweise auf die historische Eingebundenheit – freilich nicht: Determinierung – seines Denkens kaum übersehen, etwa seine autobiographischen Ausführungen zu Beginn des ›Siebenten Briefes‹, sein ›Staat‹ sowie ›Die Gesetze‹. Platon erhoffte sich eine Verbesserung der politischen Zustände letztlich nur von der Philosophie, auf die er den Bildungsgang oder das Curriculum für die Philosophenherrscher aufbaute (›Staat‹ VII 536d ff.). „Platon der Erzieher“ (Stenzel 1928) lehnte sowohl die traditionelle als auch die durch die Sophisten angebotene Erziehung ab. In der griechischen Frühzeit der höfisch-aristokratischen Gesellschaft bestand die Ausbildung der jungen Adligen vor allem im Bereich ihrer gymnastisch-musischen Fähigkeiten. Die handlungsleitenden Orientierungen, vor allem die Vorstellungen von den Göttern, wurden außer durch die Praxis der unmittelbaren, täglichen Erziehung durch die Epen Homers vermittelt. Homer war darüber hinaus die Autorität schlechthin für alles Sachwissen noch bis in Platons Zeit hinein, wie Platon im ›Ion‹ ironisch darstellt und im ›Staat‹ (X 595a ff.) prinzipiell kritisiert. Beides, sowohl die Handlungsorientierung als auch das Sachwissen, wurde erschüttert durch die Erfahrung unterschiedlicher politischer und moralischer Ordnungen sowie durch die Notwendigkeit vermehrten, überprüfbaren Sachwissens im Zusammenhang der Koloniegründungen und der damit verbundenen Handelsbeziehungen. Die Adelsherrschaft verlor an Bedeutung und wich zunehmend dem aufkommenden Handelsstand, einer Demokratie der Vollbürger, von der die Frauen, Metöken („Zugereisten“) und Sklaven ausgeschlossen waren. Zunächst erwarben die jungen Athener die notwendigen Kenntnisse und Fähigkeiten durch aktive Teilnahme am Leben der Polis-Gemeinschaft, etwa in Volksversammlungen, auf dem Marktplatz, in den Gymnasien (Bade- und Gymnastikeinrichtungen), bei den religiösen Festspielen im Theater oder bei Gastmählern, also von ihren Eltern und älteren Mitbürgern. Hinzukam ein Unterricht in Lesen, Schreiben, Sprachlehre, Musik, Gymnastik, Zeichnen und Rechnen. In Athen waren die Eltern aller Stände gesetzlich verpflichtet, ihre Kinder – aber nur die Jungen – durch Privatlehrer in diesen elementaren Kenntissen und Fertigkeiten ausbilden zu lassen. Um die Mitte des 5. Jh. v. Chr. traten dann die Sophisten als die ersten professionellen Lehrer für einen weiterführenden Unterricht in Rhetorik, Politik und Philosophie auf (vgl. ›Protagoras‹). Sie lösten mit ihrer Kritik an den herkömmlichen, auch durch den Peloponnesischen Krieg brüchig gewordenen Wertvorstellungen (so Thukydides, Historien III 82) endgültig die traditionelle Erziehung ab. Da die Sophisten für ihre Kurse zum Teil recht hohe Summen verlangten, hatten sie vor allem reiche junge Athener als Schüler, die sich durch Argumentationstechnik und Realwissen mehr Vorteile im politischen Leben erwerben wollten. Die Sophisten befanden sich als Fremde meist außerhalb der Polis-Gemeinschaft mit ihren konkreten Problemen und Wertvorstellungen. Ihr Wissen und ihre Fertigkeiten erwuchsen nicht aus einem gemeinsamen Handeln und Reden. Allerdings war diese traditionelle Gemeinsamkeit oft auch nicht mehr tragfähig. Wegen ihrer Trennung von einer konkreten, gemeinsamen Handlungs- und Redepraxis stand die sophistische Argumentationstechnik in Gefahr, sich zu einem instrumentellen Mittel für beliebige Inhalte und Ziele zu verselbständigen. Die Macht des stärkeren Arguments konnte leicht in die Macht des Stärkeren umschlagen. Und die Macht des stärkeren Arguments konnten sich vor allem diejenigen bei den Sophisten als „Händlern" kaufen, die ohnehin schon in der Polis etwas zu sagen hatten.

Auch die sokratische Methode des „Rechenschaftgebens" kann leicht mit der sophistischen Methode verwechselt werden, wenn man nicht ihre Einbindung in ihre konkrete Zielsetzung berücksichtigt. Historisch gesehen lag eine solche Verwechslung bei der Verurteilung des Sokrates als „Jugendverführer" vor, der die überkommenen Werte durch sein kritisches Weiterdenken zu zerstören bezichtigt wurde (vgl. ›Apologie‹). Im Unterschied zu den Sophisten war Sokrates' Methode jedoch keine instrumentelle Fertigkeit, sondern Medium konkreter Selbstfindung unter der Leitidee des Guten. Sokrates war angesehener Bürger Athens, der seine bürgerlichen Pflichten stets sehr gewissenhaft erfüllt hatte, wie er zuletzt im ›Kriton‹ durch seine Weigerung zu fliehen beweist. Wenn er seine Mitbürger in Gesprächen dazu brachte, über ihre handlungsleitenden Grundannahmen „Rechenschaft abzugeben", übernahm er nur äußerlich die sophistische Methode der Argumentationstechnik. Vielmehr ging er von einer konkreten Problemsituation aus, den brüchig gewordenen „Tugenden" der Polis, und wollte sie neu begründen. Ein besonders gutes Beispiel hierfür finden wir in dem Erziehungsdialog ›Laches‹, in dem zwei berühmte athenische Feldherrn ihren Söhnen die bestmögliche Erziehung geben wollen, sich aber nur über die Mittel, die Fechtkunst, nicht aber über das Ziel, die Tapferkeit, Gedanken machen. Die sokratische Methode steht in einer Einheit von Lern- und Problemort und ist nicht instrumentell beliebig verfügbar als begrifflich-argumentatives Wissen. Das Wissen des Sokrates besteht in einem praktischen Können, zu dem allerdings gewisse begrifflich-argumentative Fertigkeiten gehören. Sokrates versteht sich auf die Kunst der Gesprächsführung, die Selbsttäuschungen abbauen hilft und Normen wie etwa Klarheit, Offenheit, Richtigkeit und gleiche Redechancen folgt. Diese Normen sind nicht Handlungs- oder Lebensersatz, sondern Teil einer gemeinsamen Lebenspraxis unter der – allen Gesprächspartnern präsenten – Idee des Guten. Das Nichtwissen des Sokrates drückt die Weigerung aus, Wissen in endgültigen Sätzen zu fixieren und instrumentell verfügbar zu machen. Daher lehnt Sokrates das geschriebene Buch ab, sofern es sich als situationsenthobenes Produkt, getrennt vom konkreten Prozeß des Philosophierens als Satzwissen verselbständigt (vgl. ›Phaidros‹ 275cff.). Philosophie ist nicht durch Methoden und Medien als vorgefertigtes Produkt transportierbar, weil sie sich erst im Dialog vollzieht.

Wenn aber Philosophie auf keine vorgegebenen Methoden und Medien bauen kann, sondern jeder alles aus sich selber entwickeln muß, könnte leicht vermutet werden, die Beteiligten würden kaum über ihr anfängliches Nichtwissen hinauskommen. Nach Sokrates wissen wir zugleich aber auch eine ganze Menge mehr, als es uns zunächst klar ist, und wir brauchen uns daran nur „wiederzuerinnern“. Diese „Anamnesislehre“ aus Platons ›Menon‹ muß man jedoch von unnötigen metaphysischen Überfrachtungen befreien, worauf Sokrates selber ausdrücklich hinweist (81d). Dann könnte man die „Anamnesislehre“ etwa folgendermaßen verstehen: Wenn die Gesprächspartner wirklich so wenig wüßten, wie es den Anschein hat, könnten sie überhaupt nicht erkennen, wann die Widerlegungsversuche des Sokrates berechtigt sind und wann nicht. Sie können dies aber offensichtlich. Daher müssen sie bereits ein Vorwissen haben, mit dessen Hilfe sie ihre eigenen Ansichten als kritikbedürftig erkennen können. Allerdings ist damit nicht gesagt, daß jeder im Grunde genommen bereits alles wisse, wenn man es nur dem Grunde seiner Seele entlocke. Ein derartiges „Ideenwissen“ wäre eine zu weitgehende Vorannahme für den Lernprozeß. Es reicht bereits die Annahme, daß jedermann durch sein Sprechenlernen bereits eine Menge Wissen aufnimmt, das ihm aber nicht voll entfaltet zur Verfügung steht. Im Dialogprozeß käme es darauf an, dieses Vorwissen weiter zu entfalten. Zugleich aber haben sich mit dem Sprechenlernen auch gewisse Irrtümer und Ungenauigkeiten eingeschlichen. Ferner läßt sich die jeweilige „Artikulation“ oder „Gliederung“ von Welt durch neue Erfahrungen und Argumente erweitern, verfeinern und vor allem korrigieren. Hierzu kann die Erweiterung des Dialogkreises durch andere Gesprächspartner nützlich sein (auch in Form von Texten aus der Tradition).

In der Auseinandersetzung zwischen Platon und den Sophisten zeigt sich das Spannungsverhältnis von prinzipiellem Anspruch auf Universalität der Philosophie und dessen faktischer Einlösung. Platon selber hatte Zweifel, ob „die Vielen" vernünftiger Selbstbestimmung im Denken und Handeln fähig seien. Im ›Staat‹ hält er für die unteren Schichten der Tagelöhner und niedrigen Handwerker eine durch den Wächterstand abgesicherte Führung durch die Philosophenherrscher für erforderlich, da es „beiden das beste sei, von dem Göttlichen und Verständigen beherrscht zu werden, am liebsten zwar so, daß jeder es als sein eigenes in sich selbst habe, wenn aber nicht, dann daß es ihm von außen gebiete, damit wir alle als von demselben beherrscht auch nach Vermögen einander insgesamt ähnlich seien und befreundet" (IX 590d). Bei allen bei Platon häufig zu findenden Einschränkungen der faktischen Möglichkeit vernünftiger Selbstbestimmung muß man dennoch beachten, daß Platon „am liebsten" diese Idee für jeden realisiert sähe und die Vernunftbestimmung „von außen" nur als zweitbeste Lösung sieht. In beiden Fällen handelt es sich jedoch um Orientierung an gemeinsamen Prinzipien der Vernunft, wenn auch einmal aufgrund eigener Einsicht in Form eines „Wissens" (ἐπιστήμη) und das andere Mal aufgrund von aufgezwungener oder freiwilliger Übernahme dieses Wissens in Form einer „wahren Meinung" (ἀληθὴς δόξα). Die Einschränkungen waren angesichts der zu Platons Zeit existierenden faktischen Ungleichhheit der Frauen, Metöken und Sklaven durchaus verständlich und berechtigt. Sie gelten bis heute bei jedem, auch bei einem auf Mündigkeit abzielenden Erziehungskonzept, da Mündigkeit zwar prinzipiell immer schon vorausgesetzt, faktisch aber erst in einem mühsamen Prozeß der im Höhlengleichnis beschriebenen Befreiung vollzogen werden muß. Dennoch kann die schlechte Wirklichkeit leicht auf die gute Idee zurückschlagen. Der Widerspruch von Idee und Wirklichkeit sowie die Umfärbung der Idee durch die Wirklichkeit kommt bei Platon etwa im ›Staat‹ zum Ausdruck, wenn er von der Dreiteilung der Seele her, die immer auch Nichtwissen enthält, eine Dreiteilung der Stände im Staat ableitet und dabei Wissende von Nichtwissenden trennt und nur über den Machtfaktor des „Wehrstandes" zusammenhalten kann. Von der Dreiteilung der *gesamten* Seele her müßte aber jedes Mitglied der drei Stände Wissen und Nichtwissen in sich vereinigt haben, wenn auch in unterschiedlichem Kräfteverhältnis. Die Macht der faktischen politischen Verhältnisse scheint auf Platons Idee eines gerechten Staates negativ zurückgewirkt haben. Philosophie als Prozeß kann bei Platon nur noch der engste Führungskreis der „nächtlichen Versammlung" praktizieren (Die Gesetze‹ XII 962b ff.). Der Führungskreis braucht dagegen für „die Vielen" eine Philosophie als Produkt fertiger, leicht übernehmbarer und nachvollziehbarer Sätze, ein Orientierungswissen. Die an Platon anknüpfende Tradition der Zweiweltenlehre oder Metaphysik beruht auf keinem bloß philologischen Mißverständnis oder Denkirrtum, sondern ist untrennbar verbunden mit der gesellschaftlich wirksamen Philosophie als Herrschaftswissen. Natürlich ist nicht jede Philosophie verstanden als Produktwissen sofort schon Herrschaftswissen, ihre alleinige oder dominierende Erscheinungsweise jedoch legt eine derartige Deutung zumindest nahe. Philosophie als Prozeß wird dann nur noch für einige reserviert, die der wahren Dialektik für fähig gehalten werden. In der Philosophie als Herrschaftswissen mischen sich auch leicht theologische Dogmatisierungen, wenn man etwa die gemeinsame Vernunftbasis des Dialogs zu einer „göttlichen“, von außen aufgesetzten Wesenheit verfestigt und verselbständigt. Die Autonomie sichernde Vernunftbasis wird dann zu einer heteronomen Macht. Das „Göttliche“ als der Glaube an die Möglichkeit von Wahrheitserkenntnis und wahrheitsgeleitetem Handeln verkommt zum Herrschaftsinstrument oder zum Objekt irrationaler Unterwerfung. Bei Platons Idee einer konstitutiven Philosophie-Didaktik lassen sich die zeitbedingten Einschränkungen und Widersprüche nicht übersehen. Was in Platons Dialektik jedoch noch als Spannung von Produkt und Prozeß offenblieb, verfestigte sich in der Rezeption seiner Philosophie in der Regel zur „Zweiweltenlehre“ und „Abbilddidaktik“. Philosophie als Tätigkeit wurde zum Tat-Bestand einer Fachdisziplin.

Zunächst wurde bei den Griechen Philosophie nicht professionell von Experten für Laien, „von oben für unten“ betrieben, sondern als Sache von Amateuren, von „Liebhabern der Weisheit“, im Unterschied zu den von Sokrates kritisierten Sophisten, den „Weisen“ oder Lehrern der Weisheit. Bereits in Platons Akademie setzte aber eine Verschulung der Philosophie ein, die sogar als „Platons Ungeschriebene Lehre“ in Form einer esoterischen, mathematisch-ontologischen Prinzipienlehre der bloß exoterischen Hinführung oder Protreptik entgegengesetzt wurde (Gaiser 1963), als Philosophie „von oben für oben“. Erst mit Aristoteles vollzog sich dann die schulmäßige Fachabgrenzung der Philosophie von den Einzelwissenschaften und ihre Aufteilung in einzelne Disziplinen. Adorno beschreibt diesen Vorgang der Fachspezialisierung in seiner ›Philosophischen Terminologie‹ als Ausdruck einer hierarchischen, feudalistischen Gesellschaftsordnung, die ein terminologisch fixiertes, verdinglichtes Denken nahelege und in einem Lehrbetrieb geschlossen zu tradieren bestrebt sei. Philosophie als „Nicht-Fach“ werde zum „Fach“; die „Beziehung auf das Ganze“ ginge verloren, „so, wie es etwa dem Sokrates gegenwärtig gewesen sein mag, als er über die Fragen der Philosophie mit den Bürgern auf der Straße von Athen sich unterhielt, weil es Fragen sind, die alle diese Menschen angehen und die auch in ihrer Sprache sich behandeln lassen. Durch den Prozeß der

Verfachlichung oder Spezialisierung werden auch diese Termini betroffen, diese Worte, die Sokrates noch an den Straßenecken verwandt hat, werden in einer spezifischen Weise eingeengt" (Adorno 1973, Bd. I, S. 48).

5. Vermittlung, Methode, Dialektik, Dialog, Didaktik – Unterscheidungen

An Platons Philosophie und am ›Theätet‹ insbesondere sollte die Idee einer konstitutiven Philosophie-Didaktik entwickelt werden, und zwar nicht nur historisch an einem prominenten Beispiel aus der Philosophiegeschichte, sondern systematisch. Nicht nur was Platon zum Verhältnis von Philosophie und Didaktik gesagt hat, sollte geklärt werden, sondern wie es um dieses Verhältnis selbst in Wahrheit bestellt ist. Bei der Verhältnisbestimmung als „konstitutiv" müssen allerdings noch einige terminologische Unterscheidungen schärfer gefaßt werden. Um ein konstitutives Verhältnis handelt es sich insofern, als man bei Platon (und generell) die Philosophie als immanentes Aussagensystem, Sache selbst, Wissen oder Produkt nicht von einem Prozeß der Vermittlung abtrennen kann, sondern beides immer schon miteinander verbunden ist. „Vermittlung" ist aber ein noch recht unbestimmter Terminus. Darunter kann man die Subjektabhängigkeit jeder Objekterkenntnis, den historischen Prozeß des Erkennens und der Wissenschaft bis hin zum konkreten Lehr-Lernprozeß verstehen. So folgt aus dem Nachweis der notwendigen Subjektabhängigkeit der Philosophie noch keineswegs die Behauptung, daß Philosophie erst in einem Lehr-Lernprozeß konkreter Subjekte zu sich kommt. Die Vermittlung könnte in dieser Unbestimmtheit auch noch als ewig gleichbleibende Form zur Sache selbst gezählt werden, die jede Konkretion überflüssig, nachträglich oder sogar schädlich erscheinen läßt. Zu bestimmen ist daher genauer die „Methode" der Vermittlung. Zum Zweck einer zusammenfassenden terminologischen Klarstellung soll im folgenden ein Vorschlag Bubners aufgegriffen werden, zwischen der Methode des (konkreten) „Dialogs" bei Platon und der (allgemeinen) „Dialektik" bei Hegel zu unterscheiden. Bubners Ausführungen können die vorangegangene Platon-Interpretation noch einmal zusammenfassend verdeutlichen und bestätigen helfen (Bubners Artikel habe ich erst *nach* der hier vorgelegten Platon-Interpretation gelesen, als willkommene Bestätigung). Dabei soll allerdings „Dialog" genauer von „Didaktik" abgegrenzt werden.

Bubner unterscheidet in seiner Analyse ›Dialog und Dialektik oder Plato und Hegel‹ (1980) bei Platon zunächst nicht zwischen Dialog und Dialektik. Die Methode „des intersubjektiven Gesprächs" hebe sich von der sophistischen Rhetorik durch ihre Einbindung in eine konkrete Redepraxis der zustimmenden Subjekte ab: „Die Methode bewährt sich in der Anwendung der Redepraxis. Sie verselbständigt sich nicht künstlich in Ablösung vom Dialog, für den sie gilt“ (S. 125). Wenn Bubner auch „keine Aktualisierung der Dialektik im Sinne des kritisch-pragmatischen Forscherdialogs“ (S. 129) vornehmen, sondern lediglich eine adäquate Platon-Interpretation geben will, vertritt er dennoch der Sache nach einen kritischen Pragmatismus (vgl. Martens 1981b). Als Kennzeichen für Platons Dialogmethode hält Bubner fest: Unterscheidungen vornehmen (dihairetisches Schema); Ausgehen von einem Vorwissen, „Plausibilität des Ergebnisses..., das je nach Vorwissen einleuchtet oder auch nicht“ (S. 137f.); „selbstkritische Überlegungen zum Gang der Diskussion oder zur Revisionsbedürftigkeit der vertrauten Konzeptionen“ (S. 143); zusammengefaßt: „Der Dialog stellt eine selbständige Methode der Wahrheitserkenntnis auf dem Wege schrittweiser Klärung von geltenden Meinungen unter Rückgriff auf die Mitarbeit der Beteiligten dar“ (S. 143). Im Gegensatz hierzu handelt es sich bei Hegels Dialektik, wie Bubner nun terminologisch abgrenzt, „um die schrittweise Erhebung des unterlegenen Partners auf den einzig wahren Standpunkt“ (S. 144), auf „das unüberbietbare Wissensmonopol des Systems“ (S. 145). Während sich bei Hegels Dialektik der Philosoph bereits im Besitz der Wahrheit wähne, bestehe bei Platons Dialog im Hinblick auf das gemeinsame Wahrheitsinteresse „Gleichheit zwischen den Partnern, wenn auch sonst die Wissensdifferenz und das Ungleichgewicht der Partner existierten, mit dem faktische Dialoge immer rechnen müssen“ (S. 145). Die von Hegel an Platons Dialog-Methode vermißte Reinheit der begrifflichen Vermittlung lasse sich auch in seiner eigenen Dialektik nicht durchhalten. Bubner weist darauf hin, daß sich auch Hegel über die Problematik der *Anwendung* seiner dialektischen Methode bewußt war, nämlich bei den Überlegungen über „Anfang und Ende eines systematisch entwickelten Zusammenhangs“ (S. 151). Das Denken beginne notwendigerweise immer mit unbegründeten Behauptungen, über die es sich erst danach Rechenschaft abgeben kann, und es könne sich erst nach Abschluß des letzten Schrittes einen Überblick über das Ganze verschaffen. In einem Brief an Immanuel Niethammer vom 20. Dezember 1812, also während seiner Nürnberger Lehrertätigkeit, stöhnt Hegel über die mühselige Anwendung der dialektischen oder spekulativen Methode als „Pfahl im Fleische bei meinem Unterricht... denn ich weiß weder mit – (wegen der Zuhörer) – noch ohne das Spekulative (wegen meiner) auszukommen“ (S. 155).

Nach Bubner ist Vermittlung als Methode eines dialogischen, wechselseitigen konkreten Überzeugungsprozesses „konstitutiv“ für die Philosophie (S. 134), wie er Platon gegen Hegel ausspielt. Dabei hebt er das konstitutive Verhältnis von Dialog und Philosophie von einer bloß didaktischen Vermittlung ab. Einem geläufigen Sprachgebrauch folgend, geht er von einem instrumentellen Didaktikbegriff aus, wenn er betont, es handele sich beim Dialog (Platons) gerade nicht um „ein phantasievolles Kleid, das ein kunstsinniger Autor aus didaktischen Erwägungen um seine abstrakten Einsichten gehüllt hätte" (S. 132). Derselbe Didaktikbegriff liegt vor, wenn Bubner von Hegel sagt, bei ihm habe die Einbeziehung des Partners als „Anhörung allein didaktischen Charakter" (S. 144). Wenn dagegen das von Bubner analysierte konstitutive Verhältnis von Philosophie und Dialog von mir als konstitutive Philosophie-Didaktik bezeichnet wird, soll damit nicht nur nominalistisch „Dialog" gegen einen erweiterten, ebenfalls in der erziehungswissenschaftlichen Forschergemeinschaft gebräuchlichen Didaktik-Begriff (siehe oben S. 3f.) eingetauscht werden. Vielmehr ergibt sich auch eine inhaltliche Veränderung des Dialog-Begriffs. Die von Bubner genannten Begriffsmerkmale gehören zwar notwendig zum erweiterten Didaktik-Begriff, sie sind aber noch nicht hinreichend. Hinzukommen müssen, wie an Platons ›Theätet‹ auch gezeigt werden sollte, einige Merkmale, die einen Dialog als Lehr-Lernprozeß kennzeichnen, etwa: Berücksichtigung der Interessen, Widerstände und Emotionen der Dialogpartner; Aporie als Einsicht in bloß eingebildetes Wissen und Motivation zum Lernen; Hilfe durch einen methodisch geübten und mit einem größeren Sachwissen ausgestatteten Dialogpartner, den Lehrer; Strukturierung des Erkenntnisprozesses nach Hinsichten, Zwischenergebnissen, Übergängen, vorläufigen Abschlüssen.

III. „GEMEINE" UND „PHILOSOPHISCHE" VERNUNFT

1. Philosophie der Aufklärung

Zu Beginn unserer Philosophiegeschichte hat sich die Idee der sokratisch-platonischen Philosophie als radikales, an die „Wurzeln" greifendes Weiterdenken über unsere handlungsleitenden Vorurteile entwickelt; Ziel des gemeinsamen Weiterdenkens ist die Idee des guten Lebens aller. Die Idee der sokratisch-platonischen Philosophie, die unsere Philosophiegeschichte weitgehend geprägt hat, besonders die Philosophie der Aufklärung, ist durch das Merkmal begrifflich-argumentativer Vernünftigkeit bestimmt. Dieses Merkmal könnte leicht dazu verleiten, als Kriterium einer auf alle bezogenen Jedermannsphilosophie allein oder vor allem Verständlichkeit und Klarheit anzunehmen. Eine Jedermannsphilosophie müsse eben für alle verständlich und klar sein und sei nur oder vor allem ein sprachlich-methodisches Problem. Eine derartige Monopolisierung bliebe jedoch blind gegenüber Klärungsprozessen, bei denen es um die Interessen oder Absichten konkreter Personen in bezug auf bestimmte Inhalte geht. Kriterium einer Jedermannsphilosophie wäre nicht nur das sprachliche, sondern auch das personale und inhaltliche Moment. Nicht nur nach dem Gesichtspunkt, wie etwas behandelt wird, sondern auch von wem oder für wen und welche Gegenstände zur Diskussion stehen, läßt sich die Verwirklichung einer Jedermannsphilosophie beurteilen. Eine Differenzierung des Personenbezugs führt zu weiteren Merkmalen einer Jedermannsphilosophie. Bei einer Kombinatorik „oben–unten" lassen sich nämlich recht grob vier Fälle unterscheiden. So grenzt sich eine Jedermannsphilosophie einerseits von einer Philosophie „von oben für oben" ab (1), die als ein ästhetisierender Selbstzweck auftritt oder als ein Expertengespräch von Philosophen für Philosophen, die sich über Probleme unterhalten, die nur sie selber interessieren, dazu in einer Sprache, die nur sie selber verstehen; ferner unterscheidet sie sich von einer servilen Haltung, die „von unten" her die Sprache und Inhalte der Tradition und der Fachphilosophie gläubig hinnimmt (2), auch von einer Philosophie, die gönnerisch oder bevormundend „von oben für unten" ihr Wissen abbilddidaktisch vermittelt (3). Andererseits läßt sich die Position (2) auch als Provokation „von unten für oben" verstehen und praktizieren, indem nämlich die „dummen" Fragen der Laien an die Fachleute scheinbare Selbstverständlichkeiten nicht des Alltags-, sondern des

Fachwissens aufdeckt, wie natürlich auch umgekehrt die Fragen und Überlegungen „von oben für unten" (3) das Alltagswissen verunsichern und zum Weiterdenken anregen können. In beiden Fällen wird die Selbstverständigung „von unten für unten" (4) um einen wechselseitigen Lehr-Lernprozeß erweitert, zu dem auch die Expertengespräche aus (1) beitragen können. Die Kombinatorik „oben–unten" wäre noch nach verschiedenen Interpretationshinsichten genauer zu untersuchen, etwa ideologiekritisch (vgl. Schäfer 1979, S. 214, Anm. 49), anthropologisch (Spitzenbegabung versus Unbegabtheit „der Vielen"), nach den Erkenntnisbereichen (allgemeine menschliche Erfahrungen und Ideen versus spezielles Fachwissen) sowie schließlich institutionell (Philosophie und Bildungssystem).

Die Kombinatorik läßt keine eindeutigen Kennzeichnungen oder gar Bewertungen philosophischer und didaktischer Richtungen zu. Zusätzlich zu den Kriterien Sprache – Inhalt – Person kann sie aber dazu dienen, die Idee einer Jedermannsphilosophie differenzierter und in ihren verschiedenen Verknüpfungsmöglichkeiten zu betrachten, wie sie bereits an Platons ›Theätet‹ sichtbar geworden sind. Die gefundenen Merkmale erlauben auch eine erste Klassifizierung einiger Abschnitte in der Geschichte der Jedermannsphilosophie. Vom Merkmal des Personenbezugs her und den Diskurshinsichten „oben–unten" lassen sich die einzelnen Konzepte nicht losgelöst von ihrem soziokulturellen Hintergrund betrachten. Dieser Zusammenhang wurde bereits bei Platon deutlich. Einerseits schloß er prinzipiell niemanden vom gemeinsamen Prozeß der Selbstverständigung aus, andererseits aber neigte er unter den einengenden gesellschaftlich-politischen Bedingungen seiner Zeit an vielen Stellen zu einer Diskursrichtung „von oben für unten" und schien sie gelegentlich sogar als Ist-Zustand normativ zu setzen, etwa in seinem staatsphilosophischen Entwurf des „Philosophenherrschers" und in Formulierungen zu einer „Zweiweltenlehre". In der Folgezeit verfestigte sich Platons Philosophie zum Lehrgut einer „geistigen Führung". Die Dialektik gemeinsamer Wahrheitssuche jenseits dogmatischer Alltags-Einseitigkeiten wurde der faktischen Orientierung an „festen Wahrheiten" geopfert. Lösung und Problem kehrten sich dabei um. Die vermeintliche Ideenlehre Platons galt als Lösung des gesuchten Wissens, das aus der Aporie bloß alltäglichen Meinens und Herumredens herausführen sollte. Wahrheit erstarrte zum Produkt ohne beharrlichen, wenn auch mühsam erlernbaren und erst nach langer Zeit eingespielten Prozeß theoretischen Wissens und praktischen Könnens.

So kam etwa die strenge Gliederung der stoischen Philosophie in Logik und Physik als Vorbereitung der Ethik, der Lehre von der allgemeinen Vernunft als Führerin im menschlichen Leben, den praktischen Bedürfnissen des römischen Imperiums entgegen (Pohlenz ^{3}1964, S. 257 ff.). Als Teil der allgemeinen Bildung seit der augusteischen Zeit „war ihr der Einfluß auf weite Kreise gesichert" (S. 290). Systemstabilisierende Systemphilosophie setzte sich am deutlichsten in Form der aristotelisch-thomistischen Scholastik durch, die im Bildungssystem des Mittelalters vorherrschte. Philosophie wurde nach dem Besuch der Lateinschule in der „Artistenfakultät" als eine der „septem artes liberales" unterrichtet. Die „Artistenfakultät" und mit ihr die Philosophieausbildung sollte auf das berufsorientierte Studium der drei „oberen Fakultäten" Theologie, Rechtswissenschaft und Medizin vorbereiten. Logische, psychologische und ethische Fragen machten den Beginn des Philosophieunterichts aus und mündeten schließlich gegen Ende des 16. Jahrhunderts gleichermaßen in katholischen wie in lutherischen Ländern in ein metaphysisches System: „Aufgabe dieses Unterrichts war hüben wie drüben die Lehre eines in Theologie mündenden philosophischen Systems, meist in weitgehender Anlehnung an Aristoteles. Der Schüler hatte wie Latein und Mathematik auch Philosophie zu lernen" (Klemm 1978, S. 60). Die „freien Künste" und die Philosophie waren jedoch weder vom Inhalt noch vom Personenkreis her durchgängig frei. Seit der hellenistisch-römischen Zeit umfaßten die „freien Künste" vielmehr nur dasjenige, was dem Freigeborenen aus gutem Hause zu lernen angemessen war. Mathematik, Naturwissenschaften und aufklärerisches Denken setzten jedoch seit der zweiten Hälfte des 17. Jahrhunderts das theologisch-metaphysische System-Denken zunehmend außer Kraft. In Frankreich nahm der Philosophieunterricht alter Prägung 1792 mit der Schließung der Universitäten als Folge der Französischen Revolution ein Ende: „An die Stelle der festgefügten Vorstellungen der feudalistischen Epoche trat die Weltschau und das Lebensverständnis der freien Bürger. Der Mensch wußte sich auf sich selbst gestellt, er wollte sich selbst verwirklichen, nicht mehr unkritisch alten Lehren gehorchen" (Klemm 1978, S. 61).

Ebenfalls nicht jedermann, sondern nur der freie Bürger war Adressat der Popularphilosophie der deutschen Aufklärung. Die deutsche Aufklärung beginnt nach Specht als Epochenbezeichnung mit Thomasius gegen 1690 und endet mit Kants ›Kritik der reinen Vernunft‹ 1781 (Specht 1979, S. 313; vgl. Cassirer 1932). Specht unterscheidet drei Phasen. In der *ersten* Phase „steht die pietismusnahe und weniger an Theorien als an Alltagsmoral, Jurisprudenz und Volkserzählung orientierte Philosophie von Thomasius im Vordergrund" (S. 313). Thomasius war auf erfolgreiche Wissensvermittlung bedacht, um auch einfache Bürger an moralischen Fragen zu interessieren. Er hielt 1687 in Leipzig die erste deutschsprachige Philosophie-Vorlesung und gründete 1688 eine satirische deutsche Monatszeitschrift. Als seine theologischen Kollegen, die er mit seiner Religionskritik erzürnt hatte, gegen ihn einen Haftbefehl erwirkten, mußte er 1690 nach

Halle fliehen, wo er seitdem als einflußreichster deutscher Philosoph seiner Zeit lehrte. Die *zweite* Phase ab etwa 1725 war durch die Wolffsche Philosophie bestimmt, die viel stärker „an Theorien, Sachen und Traditionen interessiert“ blieb (S. 313). Die *dritte* Phase begann etwa 1750 mit den beiden Haupttrends einer aufklärerischen Schulphilosophie und einer Popularphilosophie. Die Schulphilosophie war stark von Wolff und Crusius beeinflußt. Sie setzte die neuere französische und englische, an empirischer Erkenntnis und moralischem Nutzen ausgerichtete Philosophie in eine genaue Fachterminologie um und bereitete somit den Gesprächsstand vor, an den Kant später anknüpfte. Dagegen wollte die Popularphilosophie allen Menschen zugänglich sein und knüpfte an deren Alltagserfahrung mit dem Menschen als Hauptthema an. Sie war im „didaktischen Ansatz“ (Specht S. 356) Thomasius recht ähnlich. Zu dieser Gruppe, die sich selber „Popularphilosophen“ nannte, zählten etwa Moses Mendelssohn, Friedrich Nicolai, Gotthold Ephraim Lessing, Christoph Martin Wieland, Johann August Eberhard, Christian Garve, Johann Jacob Engel und Thomas Abbt. Ihr Leitbild war ›Der Philosoph für die Welt‹, wie die 1755 und 1777/1800 von Johann Jacob Engel herausgegebene dreibändige Aufsatzsammlung programmatisch hieß. Diese Aufsatzsammlung enthält neben moralischen und ästhetischen Überlegungen einen Lobpreis der Glückseligkeit, die aus der Erkenntnis der ewigen, göttlichen Ordnung der Gestirne herrühre, ferner Darlegungen der zweckmäßigen Ausstattung des Tierreiches, etwa beim Bienenkorb oder beim Spinnennetz, schließlich eine Theodizee am Beispiel der Raubtiere, die im Tierreich eine nützliche und sogar notwendige Aufgabe hätten. Die Themenauswahl richtet sich eher an das gebildete Bürgertum; auch läßt die harmonisierende Deutung der Widersprüche oder des Übels in der Welt die göttliche, vernünftige Ordnung unangetastet. Die breite Aufklärungsarbeit für die Bürger schlug sich auch in einer Ausweitung des Büchermarktes mit kleinen, handlichen Schriften statt dicker Folianten nieder, sie führte zur Gründung zahlreicher „moralischer Wochenschriften“ (um 1750 gab es etwa 500), in der Zunahme der Lesekundigen (um 1800 konnte etwa die Hälfte der Bevölkerung in Deutschland lesen), in der Einrichtung von literarischen Gesellschaften, Lesezirkeln und Leihbibliotheken (vgl. Reble [8]1965, S. 137; Raabe 1979; Blankertz 1982, S. 21–87).

2. Zur Kontroverse Garve – Kant um die „Popularphilosophie“

Von der Popularphilosophie kann man gerechterweise nicht mehr fordern, als ihr in der gegebenen Situation faktisch möglich war. Sie konnte sich nur auf das gebildete Bürgertum beschränken und bereits wegen des noch weit verbreiteten Analphabetismus nur eine begrenzte Schicht ansprechen. Dennoch stellt sie nach den drei Kriterien der Inhaltlichkeit, Sprechweise und des Personenkreises eine Erweiterung philosophischer Reflexion dar, auch hinsichtlich der Möglichkeit von Selbstverständigung. Ihr Programm stößt jedoch bereits von Anfang an, vor allem aber seit Kant und Hegel, bis in die Gegenwart hinein auf die Kritik, daß sie Popularität der Darstellung mit einer Verflachung der Inhalte erkaufe und erkaufen müsse. Erst in jüngerer Zeit hat das Konzept der Popularphilosophie eine positivere Würdigung erfahren (Holzhey 1977; Zimmerli 1978; Martens 1979, S. 83–85; Specht 1979, S. 313 ff.). In der These, daß Didaktik notwendigerweise schädlich für Philosophie sein müsse, kehrt die Ablehnung der Popularphilosophie erneut zurück. Von einer positiven Würdigung des prinzipiellen Anspruchs, wenn auch nicht der Wirklichkeit der Popularphilosophie lassen sich daher zusätzliche Gegenargumente gegen die Schädlichkeits-These gewinnen. Das Konzept einer Popularphilosophie hat besonders deutlich Christian Garve (1742–1798) in seiner 1796 zuerst veröffentlichten Abhandlung ›Von der Popularität des Vortrages‹ dargelegt. In dieser Abhandlung setzt sich Garve mit der Kritik „verschiedener Schriftsteller aus der Kantischen Schule“ (S. 1060) auseinander. Kant selber hat dagegen Garves Konzept einer „Philosophie nach dem Weltbegriff“ und einer verständlichen Darstellung bei aller Kritik insgesamt respektvoll gewürdigt.

Garve definiert einen „populären“ Vortrag im doppelten Sinne, einmal für ein „größeres Publikum“ im Unterschied zu den Gelehrten geschrieben, sodann für die „niederen Volksklassen“ geschrieben (S. 1041). Er will drei Fragen untersuchen: (1) Merkmale populärer Darstellung; (2) Bewertung; (3) schulgerechte und populäre Darstellung. Die *erste* Frage nach den Merkmalen populärer Darstellung setzt Garve mit der Frage nach Verständlichkeit und Deutlichkeit für die Leser gleich. Der populäre Schriftsteller muß sich auf die unterschiedlichen Voraussetzungen der Leser einstellen und für denjenigen besonders verständlicn schreiben, „der durch mechanische Arbeiten ermüdet, oder zu sinnlichen Zerstreuungen gewöhnt ist“ (S. 1043). Die Allgemeinheit der Sprache wird, wie Garve noch näher ausführt, von der Allgemeinheit der Inhalte und des Personenkreises gefordert. Auch wer „durch mechanische Arbeiten ermüdet“ ist, hat Anspruch auf eine verständliche Philosophie. Für sie nennt Garve drei Kriterien (S. 1043–1048): „vollkommener Gebrauch der Sprache“ (grammatische Regeln beachten, eindeutige Ausdrücke, sinngemäßer Zusammenhang, auf Überflüssiges verzichten, schrittweise Entfaltung von Gedanken); „Einbildungskraft“ (lebhafte, leidenschaftliche Darstellung); „Bilder und Beyspiele“ aus dem „praktischen Leben“. Eine eigene Sprache für den „gemeinen Mann“ lehnt Garve „in Sachen, die an sich nicht über seinen Gesichtskreis sind“ ab (S. 1049). Die gemeinsamen Erfahrungen des „praktischen Lebens“ machen eine gemeinsame Sprache möglich, wie Garve unterstellt. Wie die allgemeine Landessprache auch den verschiedenen Dialekten der einzelnen Provinzen verständlich ist, so „die Sprache des gesittesten Standes“ für „alle Stände der bürgerlichen Gesellschaft“ (S. 1049). Ein „Volks-Ton“ (S. 1051) für die unteren Stände hätte etwas Herablassendes an sich und wäre auch wegen der Vielfalt der Dialekte nicht einheitlich durchzuhalten. Die „Sprache des gesittesten Standes“, die Bildungs- oder „Büchersprache“ (S. 1052), übte zu Garves Zeit in der Tat eine befreiende Wirkung gemeinsamer Verständigung gegenüber der Vereinzelung der Landesdialekte aus, wenn auch in einer Diskursrichtung „von oben für unten“.

Die *zweite* Frage nach der Bewertung des populären Vortrags beantwortet Garve eindeutig. Der populäre Vortrag ist der „vollkommenste“ (S. 1053), wenn auch in zwei Fällen nicht durchführbar: bei neuen und bei miteinander zusammenhängenden Erkenntnissen oder Wissenschaften. Während in Wissenschaften wie in der Mathematik, Physik und Mechanik „Ideen kombiniert“ werden, die nur im Zusammenhang der aufeinander aufbauenden Einzelteile zu verstehen sind, wird in der Philosophie, vor allem in der „Seelenlehre“ und „Moral“, „nur über Erfahrungen reflectirt“; Philosophie ist daher „Antheil aller Menschen“, die anderen Wissenschaften dagegen sind „Sache weniger“ (S. 1055). Garve wendet sich gegen den Systembegriff des Wolffschen Rationalismus wie auch der Kantschen Transzendentalphilosophie. Durch den unmittelbaren Bezug auf allgemeine Erfahrungen kann jedermann auch ein „abgerißnes Stück aus der Moral“ verstehen, „ohne je ein System der Moral schulgerecht studiert zu haben“ (S. 1055 f.). Garve nahm sich für seinen Philosophiebegriff die empiristisch orientierte englische und französische Aufklärungsphilosophie zum Vorbild und mußte sich mit ihr den Vorwurf des zusammenhanglosen Eklektizismus gefallen lassen.

Bei der Beantwortung der *dritten* Frage, wie sich schulgerechte und populäre Darstellung zueinander verhalten, rechtfertigt Garve seinen Philosophiebegriff näher. Schulgerechte, esoterische Philosophie kann immer nur Vorstufe für die populäre Philosophie sein, nicht etwa umgekehrt. Mit dieser These lehnt Garve eine Abbilddidaktik entschieden ab und vertritt eine Konstituierungsthese. Wichtigkeit und Richtigkeit von Philosophie bemessen sich daran, ob sie jedermann von seinen Erfahrungen des „praktischen Lebens“ her verstehen und ihr zustimmen kann. Wahr und wichtig sind Inhalte und Sprache der Philosophie nur dann, wenn sie die erfahrungsbezogene Reflexion „aller Menschen" ausdrücken. Mit seiner Konsenstheorie schließt Garve keineswegs einen Lernprozeß mit der vorliegenden philosophischen Tradition und das „Erfinden neuer Ideen" (S. 1056) von Lehrern aus. Der „gemeine Menschenverstand" ist sich keineswegs in einer naiv verstandenen Diskursrichtung „von unten für unten" vollkommen selbst genug, sondern er bedarf der Lehrer. Die „Erfinder neuer Ideen" dürfen wegen der Schwierigkeit der „Sache" ruhig zunächst den „Vortrag" vernachlässigen. Die neuen Ideen müssen aber in einem späteren Reifestadium „allen Menschen von gebildetem Verstande" (S. 1058) verständlich gemacht werden. Wenn auch Garve mit seinem Zusatz „von gebildetem Verstande" die Popularitätsforderung einschränkt, bleibt er dennoch trotz aller Zweifel angesichts der realen Bildungssituation bei seinem Konsensprinzip. Er hält das Prinzip in seinem Artikel ›Ueber die öffentliche Meinung‹ für realisierbar, allerdings erst „durch erweiterten und verbesserten Unterricht des Volks" (Bd. 2, S. 1305). Die esoterische Philosophie muß sich in jedem Fall mit der populären Philosophie vermitteln und bei ihr in die Lehre gehen, vom Lehrenden zum Lernenden werden, da sie konstitutiv auf ihre Zustimmung angewiesen ist. Denn es gibt „nothwendiger Weise, Grenzpuncte, wo diese esoterische Philosophie sich an die populäre anschließt. Irgendwo muß das künstliche System den Faden der Ideen, welchen der gemeine Menschenverstand darreicht, aufgefaßt werden" (S. 1058). Zuletzt ist in Fragen allgemeinen Interesses jedermann doch sein eigener Lehrer und kann höchstens Hilfe zur Selbstklärung vom Schriftsteller erwarten, wie Garve seine eigene Rolle in der Vorrede zu seiner Aufsatzsammlung sieht: „Die Materien, welche ich hier bearbeitet habe, sind zum Theil so populär, daß darüber jedermann sein eigener Lehrer seyn, – und der Schriftsteller höchstens nur das Verdienst haben kann, das, was der vernünftige Mann über die Sache immer gedacht hat, deutlicher mit Wotrten auszudrücken" (Bd. 2, S. 4*). Über die anderen Themen, „menschliche Leidenschaften" oder „die Moden und das bürgerliche Air" (S. 4*), könne man entweder wenig Neues sagen oder sie seien nur für wenige interessant, wie Garve die Bereiche populärer Philosophie abgrenzt. In seiner Abhandlung faßt er die erkenntnistheoretische Begründung für die populäre Darstellung in folgender Formel zusammen: „Aber alle Sätze, die aus solchen Erfahrungen gefolgert werden, welche *alle Menschen gemacht haben*, müssen auch *allen einleuchtend gemacht werden können*" (S. 1064). Wenn dagegen „Philosophie ein so räthselhaftes Ansehn hat, als wenn nur Eingeweyte ihre Geheimnisse begreifen könnten", kann dies nach Garve nur an drei Ursachen liegen (S. 1064): an der mangelnden Verknüpfung mit den allgemeinen Erfahrungen, an den subjektiven, „zufälligen Eigenheiten ihres ersten Erfinders" oder an dessen mangelhafter sprachlicher Fähigkeit.

Zum Schluß seiner Abhandlung hebt Garve noch einmal die Notwendigkeit esoterischer Philosophie hervor, deren populäre Darstellung jedoch nicht nur die „Achtung fürs Publikum“, sondern auch die „Achtung für die Wahrheit“ erfordere (S. 1065). Der Adressatenbezug gehört zur Philosophie selbst hinzu.

Mit seiner Auffassung von der konstitutiven Bedeutung der populären Darstellung von Philosophie wegen ihrer populären, auf allgemeine Erfahrungen bezogenen Inhalte stand Garve im krassen Gegensatz zu der Auffassung, Philosophie sei die Wissenschaft der „ersten Gründe“ oder „Prinzipien“ menschlicher Erkenntnis und könne ohne Darstellung dieser Prinzipien nicht populär werden. Wegen ihres schwierigen Inhalts könne Philosophie sogar nie populär werden. Daher hätten „seit einiger Zeit, verschiedene Schriftsteller aus der Kantischen Schule an den Nahmen eines Popularphilosophen, eine verächtliche Nebenidee geknüpft“ (vgl. S. 1060–1063). Dieser Auffassung hält Garve zwei Argumente entgegen. Zunächst koppelt er die Darstellungs- von der Inhaltsebene ab. Auch allgemeine, alltägliche Inhalte könnten unpopulär, und schwierige Inhalte wie „die ersten Elemente unsrer Erkenntniß“ populär dargestellt werden, wofür Hume ein Beispiel sei. Sodann greift Garve die Auffassung der Philosophie als Prinzipienwissenschaft an, die weder bisher noch von ihren gegenwärtigen Vertretern (der „Kantischen Schule“) befriedigend entwickelt sei: „So bleibt es für jetzt noch ungewiß, ob der menschliche Geist je andrer, als solcher *unphilosophischen*, oder *populär-philosophischen* Untersuchungen fähig seyn werde“ (S. 1062). In die allgemeinen Erfahrungen „etwas mehr Licht, Genauigkeit und Ordnung zu bringen“, sei jedenfalls auch „bisher Philosophie genannt“ worden (S. 1063). Garve geht es nicht um diesen „Titel“, wohl aber jenseits von Positionsdifferenzen um die Anerkennung der entsprechenden Tätigkeit als „dem Publicum nützlich“ (S. 1063).

Den „Titel“ eines Philosophen will allerdings Kant selbst im Unterschied zur „Kantischen Schule“ Garve keineswegs absprechen. Er bezeichnet ihn in der Vorrede zur ›Metaphysik der Sitten‹ von 1797 als „Philosophen in der echten Bedeutung des Wortes“ und als „weisen Mann“ (AB V). Auch unterstreicht Kant, der ausdrücklich auf Garves Abhandlung eingeht, dessen Forderung nach populärer Darstellung und fühlt sich mit Garve dem Prinzip öffentlicher und auf das praktische Handeln bezogener Philosophie noch dem „Weltbegriff“ verpflichtet. Er lehnt aber die Popularitätsforderung für den Bereich „des Systems einer Kritik des Vernunftvermögens selbst“ und für die „formelle Metaphysik“ ab. Beides erlaube nicht „Popularität (Volkssprache)“, sondern nur „scholastische *Pünktlichkeit*“, „Schulsprache“ (ebd.). Allerdings könnten die Resultate „für die gesunde Vernunft (eines Metaphysikers, ohne es zu wissen) ganz einleuchtend gemacht werden“ (ebd.). Kant unterscheidet sich somit von Garve in einer doppelten Hinsicht: einmal hält er am Prinzipiencharakter der Philosophie fest, sodann glaubt er nicht an die Möglichkeit populärer Darstellung von Prinzipienwissen. Metaphysische Erkenntnis, Erkenntnis allgemeiner Prinzipien unseres Erkennens und Handelns, hat nach Kant keine empirische Quelle, ist nicht aus der Erfahrung, sondern aus der reinen Vernunft geschöpft. Sie kann daher auch nicht in der „Volkssprache“ ausgedrückt werden, die sich nach Kant offensichtlich wegen ihrer sinnlichen Momente zur (Darstellung der) reinen Vernunfterkenntnis nicht eignet. Metaphysische Erkenntnis bedarf der „Schulsprache“. Warum nun aber gerade und allein die „Schulsprache“ zur Darstellung der reinen Vernunftkenntnis geeignet sein soll, bleibt bei Kant an dieser Stelle unklar. Sicher scheiden von den drei Kriterien Garves für eine populäre Philosophie „Einbildungskraft“ sowie „Bilder und Beyspiele“ für eine aprioristische Vernunfterkenntnis folgerichtig aus; sie sind allenfalls zur nachträglichen Erläuterung oder Illustration zugelassen. Das erste Kriterium Garves dagegen, „vollkommener Gebrauch der Sprache“, würde Kants Forderung nach „scholastischer *Pünktlichkeit*“ oder Genauigkeit jedenfalls im Prinzip durchaus entsprechen. Weder plädierte Garve für einen „Volks-Ton“, sondern für eine „Sprache des gesittesten Standes“, der sich bei aller prinzipiellen Gleichheit der „öffentlichen Meinung“ dennoch durch eine bessere Bildung auszeichnete, noch läßt sich aus Kants „Schulsprache“ jedes für die reine Vernunfterkenntnis unangemessene Moment der Sinnlichkeit in Form von Metaphern, Mehrdeutigkeiten und historischer Begriffsprägung ausschließen. Die Einsicht des späten Wittgenstein in den ›Philosophischen Untersuchungen‹, daß die Umgangssprache das unhintergehbare Fundament jeder idealsprachlichen Normierung sei, wie er sie selber im ›Tractatus logico-philosophicus‹ vorzunehmen versucht hatte, findet sich nicht nur in Platons ›Theätet‹, sondern bereits bei dem Popularphilosophen Georg Christoph Lichtenberg (1742–1799) in einer Bemerkung aus seinen ›Sudelbüchern‹: „*Ich* fühle *mich* – sind zwei Gegenstände. Unsere falsche Philosophie ist der ganzen Sprache einverleibt“, so daß auch „immer von uns wahre Philosophie mit der Sprache der falschen gelehrt“ wird (Lichtenberg ²1975, S. 197f.). Bei ihrer „Berichtigung des Sprachgebrauchs“ könne sich die „Universitätsphilosophie“ von der Sprache der „Volksphilosophie“ nicht völlig ablösen. Auch Kants „Schulsprache“ bedarf zu ihrer Erläuterung der „Volkssprache“, da sie nicht von sich aus die reine Vernunfterkenntnis abbilden kann.

Garves Forderung populärer Darstellung der Philosophie läßt sich demnach mit Kants Gegenargument nicht widerlegen, daß die Inhalte reiner Vernunfterkenntnis nur in einer „Schulsprache“ ausgedrückt werden können. Auch die „Schulsprache“ bedarf der von ihr verbesserten „Volkssprache“ und kann die in ihr enthaltene Falschheit, etwa in diesem Falle die sinnlichen Momente, nicht vermeiden. Die Ablehnung der „Volkssprache“ für die Darlegung der Prinzipienerkenntnisse läßt bei Kant jedoch noch eine andere Deutung zu, die sich aus der Vorrede zur zweiten Auflage der „Kritik der reinen Vernunft“ von 1787 gewinnen läßt. Danach ist „Popularität“ nicht nur nicht möglich, sondern gar nicht erst nötig. Kant macht in der Vorrede deutlich, daß es ihm allein darum geht, in den Jedermanns-Fragen Gott, Freiheit und Unsterblichkeit sowohl dogmatisches Wissen wie Nichtwissen der metaphysischen Schulen und ihrer skeptischen Gegner als prinzipiell jenseits unserer Erkenntnis liegend zurückzuweisen, so daß „die Schulen nunmehr belehrt werden, sich keine höhere und ausgebreitetere Einsicht in einem Punkte anzumaßen, der die allgemeine menschliche Angelegenheit betrifft, als diejenige ist, zu der die große (für uns achtungswürdigste) Menge auch eben so leicht gelangen kann, und sich also auf die Kultur dieser allgemein faßlichen und in moralischer Absicht hinreichenden Beweisgründe allein einzuschränken“ (B XXXIII). Die „höchste Philosophie“ weiß in dem, „welches alle Menschen angeht“, „in Ansehung der wesentlichen Zwecke der menschlichen Natur“, nicht mehr als der „gemeinste Verstand“, wie Kant gegen Schluß seines umfangreichen Buches bilanziert (A 831/B 859). Nicht das „Volk“, sondern die Schulen sollen belehrt werden. Nur sie bedürfen einer Philosophie-Therapie unzulässig erhobener Ansprüche. Die Schulen aber müssen gleichsam mit ihrem eigenen Mittel, der „Schulsprache“, geschlagen werden. Wer die „Leiter“ nicht benötigt, braucht sie gar nicht erst zu besteigen – sie ist ohnehin, wie in Wittgensteins ›Tractatus‹, nach Gebrauch wegzuwerfen. Die „Leiter“ der Schulsprache braucht das Volk nicht, sie könnte aber auch nach Kant nicht mit ihr umgehen. Die „Kritik der Vernunft... kann niemals populär werden, hat aber auch nicht nötig, es zu sein, weil, so wenig dem Volke die fein gesponnenen Argumente für nützliche Wahrheiten in den Kopf wollen, ebensowenig kommen ihm auch die eben so subtilen Einwürfe dagegen jemals in den Sinn“ (B XXXIV). Kant beansprucht lediglich, „Spinnenweben“ zu zerreißen, „von denen doch das Publikum niemals Notiz genommen hat, und deren Verlust es also auch nie fühlen kann“ (B XXXV).

Dennoch beansprucht Kant, mit seiner ›Kritik der Vernunft‹ eine „dem Publikum ohne dessen Wissen nützliche Wissenschaft“ (B XXXIV) geschaffen zu haben. Der Anspruch schulinterner Nützlichkeit ist klar, unklar ist zunächst der Nutzen für das „Publikum“. Auch hat sich Kant in der zweiten Auflage besonders um Verbesserungen in der „Darstellung“ bemüht (B XXXVIII), scheinbar im Widerspruch zu seiner früheren Auffassung. Dabei überläßt er die weitere populäre Darstellung aus eigener Unfähigkeit und wegen anderer wichtiger Arbeiten den Popularphilosophen, „diesen verdienten Männern, die mit der Gründlichkeit der Einsicht noch das Talent einer lichtvollen Darstellung (dessen ich mir eben nicht bewußt bin) so glücklich verbinden" (B XLIII). „Wahre Popularität" ist also auch für Kant ein wichtiges Ziel (B XLIV), die er von der „geschwätzigen Seichtigkeit, unter dem angemaßten Namen der Popularität" (B XXXV f.) scharf trennt. Kann und soll also die ›Kritik der Vernunft‹ (B XXXIV) doch populär werden? Offensichtlich benutzt Kant das Wort „populär" mehrdeutig: einmal als leicht faßliche Darstellung für das „Volk", die er für seine Philosophie für unmöglich und unnötig hält und für ihn eher zur „geschwätzigen Seichtigkeit" führen muß; sodann als klare und möglichst elegante schulinterne Darstellung, die er für möglich und nötig hält und als „wahre Popularität" akzeptiert. Eine dritte Verwendungsweise von „populär" liegt bei Garve vor, nach der die auf das „praktische Leben" bezogenen Inhalte der Philosophie ohne Einschränkung verständlich dargelegt werden können und sollen. Bei Kant jedoch bleiben Esoterik und Popularität oder Exoterik letztlich getrennte Angelegenheiten, bei Garve dagegen bilden sie eine Einheit einer lediglich arbeitsteiligen Stufenfolge von Philosophie. Bei Kant bedeutet „wahre Popularität" schulinterne Verständlichkeit, bei Garve Verständlichkeit für jedermann. Kant will einen schulinternen Streit mit schulinternen Mitteln lösen, Garve will Jedermanns-Erfahrungen mit Hilfe einer (gebildeten) Jedermanns-Sprache klären helfen.

Bei aller Skepsis hält Kant dennoch seine Schlichtung des schulinternen Streites für eine „dem Publikum ohne dessen Wissen nützliche Wissenschaft". Kants Bemerkungen über den bloß internen Philosophenstreit sollen wahrscheinlich eher die Gegenseite treffen und weniger den Nutzen seiner eigenen Philosophie über die enge „Schule" hinaus leugnen. Sie sind eher ironisch-polemisch zu verstehen. Die Streitigkeiten hinsichtlich der metaphysischen Grundfragen sind nach Kant eben doch nicht nur schulintern wirksam, sondern in sie gerät „jeder sich zur Spekulation erhebende Mensch"; sie können einen „Skandal" auslösen, „das über kurz oder lang selbst dem Volk aus den Streitigkeiten aufstoßen muß" (B XXXIV). Nicht den „lächerlichen Despotismus der Schulen" sollten die Regierungen daher unterstützen, der zumindest vorläufig ohnehin unwirksam sei, sondern die Überwindung dieses Despotismus (vgl. B XXXV). Auf den Nutzen seiner Philosophie für das „Publikum" oder den „Übergang von der gemeinen sittlichen Vernunfterkenntnis zur philosophischen" geht Kant in einem eigenen Abschnitt seiner ›Grundlegung zur Metaphysik der Sitten‹ von 1785 ein, die also zur Zeit der zweiten Auflage seiner ›Kritik der reinen Vernunft‹ von 1787 als bekannt vorausgesetzt werden kann. Bereits in seiner Vorrede begründet Kant die Notwendigkeit einer Metaphysik der Sitten, einmal vom reinen Forschungsinteresse her, gleichsam im schulinternen Spezialistenstreit, sodann von einem praktischen Interesse her, das sich über die Grundlagenforschung hinaus auf Anwendung bezieht, „weil die Sitten selber allerlei Verderbnis unterworfen bleiben, so lange jener Leitfaden und oberste Norm ihrer richtigen Beurteilung fehlt“ (BA X). Eine Metaphysik der Sitten hält Kant „ungeachtet des abschreckenden Titels, dennoch eines großen Grades der Popularität und Angemessenheit zum gemeinen Verstand fähig“ (BA XIV).

Worin die populäre Nützlichkeit und Verständlichkeit einer Metaphysik der Sitten genauer liegen könnte, erläutert Kant im ersten Übergangs-Kapitel, in dem er zwischen der gemeinen und der philosophischen sittlichen Vernunfterkenntnis unterscheidet. Nach Kant weiß jedermann zwischen Gut und Böse, Pflichtgemäßem und Pflichtwidrigem zu unterscheiden, implizit, in der Weise eines praktischen Könnens, und bedarf hierzu „keiner Wissenschaft und Philosophie“ (BA 21). Es genüge daher – „wie Sokrates tat“ – die gemeine Vernunft auf „ihr eigenes Prinzip“ aufmerksam zu machen. Denn jedermann besitzt ein implizites praktisches Prinzipienwissen, das für sein sittliches Handeln normalerweise als „Kompaß“ (ebd.) ausreicht. Ein Philosoph weiß auch „kein anderes Prinzip als jener“. Dennoch hat die philosophische gegenüber der gemeinen sittlichen Vernunfterkenntnis nach Kant das eine voraus, daß sie zusätzlich zum impliziten Prinzipienwissen des praktischen Könnens über ein explizites Prinzipienwissen theoretischer Begründung verfügt. Der Nutzen des theoretischen Wissens liege darin, daß „die Unschuld“ der „Weisheit“ durch eine „natürliche Dialektik“ von Pflicht und Neigung „leicht verführt“ werden könne und dann doch auch „der Wissenschaft“ bedürfe, „nicht um von ihr zu lernen, sondern ihrer Vorschrift Eingang und Dauerhaftigkeit zu verschaffen“ (BA 22f.). Nachdenken über die Prinzipien des eigenen Tuns ist nach Kant für die gemeine Menschenvernunft nicht aus einem „Bedürfnis der Spekulation“, aus theoretischen Gründen notwendig, sondern damit sie dem „Vernünfteln“, den „Zweideutigkeiten“ entgehen kann und damit sie nicht zuletzt „um alle echte sittliche Grundsätze gebracht“ wird (BA 23f.). Metaphysik der Sitten als ausdrückliches, theoretisches Wissen unseres impliziten, praktischen Prinzipienwissens ist somit aus der Sicht Kants für jedermann nützlich und notwendig, um die „natürliche Dialektik“ beenden zu helfen, die letztlich erst „in einer vollständigen Kritik unserer Vernunft, Ruhe finden“ könne (BA 24). Ob etwa Wilhelm Stapels (1919/1921) Versuch, die ›Kritik der reinen Vernunft‹ „ins Gemeindeutsche“ zu übersetzen, Kants Intentionen entspricht, wäre einmal genauer zu untersuchen.

In den beiden nächsten „Übergangs“-Abschnitten behandelt Kant die Frage, welche Form das notwendige theoretische Wissen der Philosophie annehmen müsse und wie sich der Übergang zur Kritik der praktischen Vernunft, dem letzten „Ruhe"-Punkt, vollziehe. Damit stellt sich der gesamte Aufbau der ›Grundlegung zur Metaphysik der Sitten‹, wie seines gesamten philosophischen Systems, als schrittweise Entfaltung der impliziten Vorannahmen unseres Redens und Handelns dar, geleitet von den beiden Grundgedanken der Nützlichkeit und Verständlichkeit einer derartigen Entfaltung. Im Abschnitt vom „Übergang von der populären sittlichen Weltweisheit zur Metaphysik der Sitten" wird der eigentliche Gegensatz zwischen Kants und Garves „Popularphilosophie" deutlich. Beide gehen von einer praktischen Zielsetzung der Philosophie aus; beide haben nicht den Gelehrten, sondern jedermann als Adressaten vor Augen; beide wollen im spezifischen Gegenstandsbereich moralischen Handelns nicht belehren, sondern lediglich zur Selbstklärung beitragen; beide bemühen sich um eine möglichst verständliche Darlegung. Während jedoch Garve in seiner Abhandlung die Möglichkeit erster, reiner Vernunftprinzipien und die Möglichkeit eines philosophischen Systems bezweifelt, geht es Kant gerade um eine Prinzipien- und Systemphilosophie. Das unterscheidet beide Philosophen wesentlich: für Kant ist die reine Vernunft die Erkenntnisquelle, für Garve die Erfahrung. Eine Philosophie, die ihre Prinzipien sittlichen Handelns aus der Erfahrung durch „Tappen vermittels der Beispiele" bezieht, nennt Kant „populäre Philosophie"; eine Rechtfertigung sittlichen Handelns aus der reinen praktischen Vernunft, nach dem Prinzip des Kategorischen Imperativs, nennt er „Metaphysik" (BA 36). Der Übergang von der gemeinen zur philosophischen sittlichen Erkenntnis muß über eine populäre zur metaphysischen Philosophie hinausgehen. Zuerst muß man die Lehre der Sitten „auf Metaphysik *gründen*, ihr aber, wenn sie fest steht, nachher durch Popularität *Eingang* verschaffen" (BA 30f.). Beides, die Gründung und Zugänglichkeit der Sittenlehre, sind zwei verschiedene Aufgaben, die im Unterschied zu Garves Vorschlag einer Arbeitsteilung für die notwendige Zeit des „Erfindens", nicht doch wieder vereint werden, sondern getrennt bleiben (ähnlich bei Zimmerli 1978).

Zum Schluß der ›Kritik der praktischen Vernunft‹ von 1788 unterstreicht Kant die Trennung von „Lehrern" und „Publikum" erneut, die er bereits in der Vorrede zur zweiten Auflage der ›Kritik der reinen Vernunft‹ von 1787 vorgenommen hatte. Nachdem er sich bereits – fast schon pflichtgemäß – in der Vorrede zur populären Darstellung seiner vorliegenden Schrift geäußert hatte (A 19f.), greift Kant die Popularitätsforderung zum Schluß noch einmal auf. Wie in der ›Grundlegung zur Metaphysik der Sitten‹ unterscheidet er auch hier zwischen „Weisheit" und „Weisheitslehre", die nur über ihre „Lehren", nicht aber in ihrer „subtilen Untersuchung" populär vermittelt werden soll und kann. „Mit einem Worte: Wissenschaft (kritisch gesucht und methodisch eingeleitet) ist die enge Pforte, die zur *Weisheitslehre* führt, wenn unter dieser nicht bloß verstanden wird, was man *tun*, sondern was Lehrern zur Richtschnur dienen soll, um den Weg zur Weisheit, den jedermann gehen soll, gut und kenntlich zu bahnen, und andere vor Irrwegen zu sichern; eine Wissenschaft, deren Aufbewahrerin jederzeit die Philosophie bleiben muß, an deren Untersuchung das Publikum keinen Anteil, wohl aber an den *Lehren* zu nehmen hat, die ihm, nach einer solchen Bearbeitung, allererst recht hell einleuchten können“ (A 292). Warum „subtile Untersuchungen“ keiner populären, allgemeinverständlichen Darstellung zugänglich sein können, macht Kant auch hier nicht mit letzter Klarheit deutlich. Der Prinzipiencharakter dieser Untersuchungen verbietet bei Kant zwar einen Rückgriff auf Erfahrung als Erkenntnisquelle und somit auf eine Sprache mit „Einbildungskraft“ sowie „Bildern und Beyspielen“ (Garve); sie läßt aber keineswegs bloß eine „Schulsprache“ zu, wie Kant annimmt. Auch Kant bemüht sich um eine schulinterne populäre Darstellung seiner Werke, um die er vor allem auch die („wahren“) Popularphilosophien selber bittet. Nichts hindert daran, eine solche Darstellung mit Garve als „Volkssprache“ zu bezeichnen, allerdings als „Sprache des gesittesten Standes“. Wenn Kant dennoch daran festhält, die „subtilen Untersuchungen“ einer populären Darstellung im weiteren Sinne für unzugänglich zu halten und sie nur in ihren Ergebnissen weiteren Kreisen zu öffnen, hat dies offensichtlich zweierlei Gründe. Einmal läßt sich in der Tat eine unsystematische, nicht auf ersten Prinzipien, sondern auf Erfahrung beruhende Philosophie eher populär darstellen als Kants Philosophie; Garves Hinweis auf das Gegenbeispiel Hume trifft Kants Anspruch einer Systemphilosophie daher nicht (siehe Vorrede zur zweiten Auflage der ›Kritik der reinen Vernunft‹ B XXXVI). Sodann sieht Kant offensichtlich realistischer als Garve die bestehenden Bildungsschranken, die ein Verständnis seiner „subtilen Untersuchungen“, die von der Sache her nicht leicht auszudrücken und zu verstehen sind, behindern. Allerdings kann man Kants Trennung von „Schulsprache“ und „Volkssprache“ nicht als Trennung von reiner Vernunftssprache und sinnlicher Redeweise akzeptieren, da beide notwendigerweise miteinander verknüpft sind, wie zu Kants Zeit die sprachphilosophischen Überlegungen Lichtenbergs bereits gezeigt haben.

Die Frage nach dem Grad der Popularisierbarkeit der Philosophie ist jedoch kein bloß sprachphilosophisches, erkenntnistheoretisches und bildungspolitisches Problem, sondern stellt sich als zentrale Frage des Lehr-Lern-Prozesses von Philosophie dar. Kant trennt strikt zwischen Lehrenden und Lernenden der Philosophie. Philosophie in ihrem subtilen Aufbau zu lernen, ist nicht nur für jedermann (zu Kants Zeit schon faktisch) nicht möglich, sondern nach Kant nicht einmal nötig; eine populäre Darstellung der Ergebnisse für jedermann reicht aus. Zwar liegt auch Kants Philosophiebegriff wie bei Garve die aufklärerische Maxime zugrunde, daß „jedermann sein eigener Lehrer“ (Garve) in Fragen des sittlichen Handelns sei und die Philosophie ihn nicht belehren, sondern nur in der eigenen Einsicht aufklären und bestärken könne. Während jedoch Garve auch die Aufklärungsarbeit selbst für jedermann einleuchtend machen will, so daß nicht nur das praktische Wissen von außen bestärkt, sondern auch der Prüfung aller unterzogen werden kann, meint Kant, das Wissen der Aufklärung dem „Publikum“ nicht verständlich machen zu müssen und auch nicht zu können. Wenn aber jedermann durch die „natürliche Dialektik“ oder durch reale Problem- und Entscheidungskonflikte zu einer Prüfung und Begründung, wenn auch nicht dogmatischen Belehrung, seiner Handlungsprinzipien gezwungen ist und somit aus praktischen Gründen über sein Tun reden, sein Handeln begründen muß, darf ihm eine Aufklärung als eigene Begründungsarbeit nicht vorenthalten werden. Er muß auch hier „sein eigener Lehrer“ sein, soll nicht die Autonomieforderung dem möglichen Dogmatismus von Aufklärern geopfert werden. Wenn auch Kant im Unterschied zu Garve die Aufklärung über ihre eigenen Prinzipien aufgeklärt und in ihrer Schwierigkeit für das „Publikum“ realistischer eingeschätzt hat, blieb er dennoch einer Diskursrichtung „von oben für unten“ verhaftet, wie ähnlich auch in seiner Unterscheidung zwischen der „schönen Natur“ der Frau und dem „tiefen Nachsinnen“ des Mannes (Beobachtungen über das Gefühl des Schönen und Erhabenen, 1764, A 51; vgl. Gatzemeier 1982; Platon dagegen verteidigt ausdrücklich die Gleichheit beider Geschlechter, ›Staat‹ V 454 d ff.). Für ein autonomes Handeln reicht aber ein faktisch richtiges Handeln und eine Bestätigung der Richtigkeit dieses Handelns durch Experten für Begründungsprinzipien nicht aus, weil auch das Begründungswissen selbst prinzipiell fehlbar ist. Die Philosophie nach Kant und Hegel ist zunehmend von der Möglichkeit eines evidenten, apriorischen Prinzipienwissens abgerückt und hat die Fehlbarkeit unseres Wissens hervorgehoben – ein sokratisch-platonisches Erbe.

Die Auseinandersetzung zwischen Garve und Kant um die Popularität der Philosophie hat das Konzept eines radikalen Weiterdenkens unter der Leitidee des guten Lebens *aller* konkretisiert und auch in seinen realen gesellschaftlichen, bildungs-politischen Bezügen sichtbar gemacht. Auch ließ sich zeigen, daß Kants Philosophie nur vor dem Hintergrund der Popularphilosophie der zeitgenössischen Aufklärung zu verstehen und wie diese von didaktischen Ansprüchen geprägt ist. Fast in allen seinen großen Schriften setzt sich Kant mit der Popularitätsforderung als gerechtfertigtem Anspruch einer Philosophie nicht nur nach dem „Schulbegriff“, sondern nach dem „Weltbegriff" auseinander (siehe vor allem auch die Vorrede zur ›Metaphysik der Sitten‹ von 1797, AB IXf.; ›Prolegomena zu einer jeden künftigen Metaphysik, die als Wissenschaft wird auftreten können‹ von 1783, bes. A 16ff.). Dennoch wird Kant meistens nur als Philosoph nach dem „Schulbegriff" von ebensolchen Philosophen traktiert, ohne jeden Bezug auf das „Publikum". Diese Trennung hat Kant selber nahegelegt, jedoch eher aus der faktischen Begrenzung des zeitgenössischen Bildungssystems als aus prinzipiellen Gründen. Erst mit der Spezialisierung und Angleichung der Philosophie an das herrschende Paradigma der neuzeitlichen (Natur-)Wissenschaft (science) hat Philosophie ihren Anspruch auf Popularität und didaktische Wirksamkeit zugunsten „subtiler Untersuchungen" fast völlig verdrängt, den Kant noch als zentrales Problem diskutiert hat. Die didaktische Frage läßt sich bei Kant vor allem auch in den Methoden-Kapiteln seiner Hauptschriften verfolgen, wo er die Lehr-Lernbarkeit der Philosophie diskutiert (zum „philosophieren lernen" siehe vor allem Malter 1981) und auch konkrete didaktisch-methodische Vorschläge macht (Martens 1979, S. 86–93). Erst mit einem erneuten Interesse an der Popularphilosophie als möglichem Anknüpfungs- oder Reibungspunkt für eine gegenwarts- und problembezogene Philosophie wird auch Kants Philosophie in diesem Zusammenhang neu entdeckt (Holzhey 1977). Sie wird aber bisher in ihrer unbefriedigenden didaktischen Konzeption und in ihrer Halbheit radikaler Selbstaufklärung kaum diskutiert.

3. Weitere historische Schritte

Auf die weiteren historischen Schritte einer Jedermannsphilosophie soll in diesem Rahmen nur kurz eingegangen werden. Jeder Schritt verlangte eine eigene, ausführliche Darstellung. Der nächste wichtige Schritt in der Entwicklung des exoterischen Anspruchs der Philosophie und ihrer didaktischen Möglichkeiten nach Kant wäre Hegel. Hierzu liegen einige neuere Arbeiten vor, die verschiedene Aspekte hervorheben: Metternichs restaurative Politik als Ursache für den Einschnitt zwischen Hegels Gutachten von 1812 und 1822 (Raasch 1968, S. 14–31); die Einheit von Nachvollzug und Selbstdenken bei Kant und Hegel sowie das Überwiegen des Nachvollzugs einer gegebenen Philosophie und Einschränkung des Personenkreises (Martens 1979, S. 94–99); Hegels Auseinandersetzung mit der zeitgenössischen Pädagogik (Rohbeck 1981); Philosophie als Organisation eines Selbsterfahrungs- und Bildungsprozesses (Heintel 1982); Philosophieunterricht nach dem Ende Hegelscher Absolutheitsansprüche (Nancy 1982). Eine systematische, auf aktuelle Probleme bezogene Auseinandersetzung mit Hegels Philosophiedidaktik, die auch das Verhältnis von Dialog und Dialektik genauer zu bestimmen hätte (vgl. oben S. 54–56), steht noch aus.

Während Hegel Philosophie als Fortschreiten im Bewußtsein der Freiheit für jedermann ansah, kam es Marx darauf an, den Jedermannsanspruch auf Autonomie auch gesellschaftlich-politisch einzulösen, in einer materialistischen Ausdeutung des „guten Lebens aller". Marx nimmt Kant gleichsam beim Wort, daß im Grunde genommen jedermann selber weiß, was gut und böse ist und was Menschenwürde bedeutet, und daß niemand von der Philosophie eigens hierüber belehrt zu werden braucht. Die dennoch notwendige Hilfe der Philosophie, die nach Kant die gemeine Menschenvernunft bei der Verunsicherung durch die „natürliche Dialektik" in ihrem ursprünglichen Wissen bestärken muß, besteht bei Marx darin, daß die Philosophie das Bewußtsein der unterdrückten Klassen zu wecken, zu stärken und zum revolutionären Kampf um Befreiung anzuleiten hat. Die „natürliche Dialektik" zwischen Pflicht und Neigung läßt sich nach Marx nicht über das veränderte oder bestärkte Bewußtsein, sondern letzten Endes allein über das gesellschaftliche Sein auflösen, das eine Versöhnung beider Seiten erst konkret möglich macht: „Die Philosophen haben die Welt nur verschieden interpretiert; es kömmt darauf an, sie zu *verändern*" (11. Feuerbach-These). Daher formuliert Marx den Kategorischen Imperativ Kants materialistisch um zum „*kategorischen Imperativ, alle Verhältnisse umzuwerfen*, in denen der Mensch ein erniedrigtes, ein geknechtetes, ein verlassenes, ein verächtliches Wesen ist" (Zur Kritik der Hegelschen Rechtsphilosophie, Einleitung; in: MEW 1, S. 385).

Wie Kant blieb Marx noch einem Denken „von oben für unten" verhaftet, dem Weitling und andere „kollektive Autoren" eines „Handwerkerkommunismus" ein Denken radikaler Sebstbefreiung „von unten für unten" entgegenstellten (Schäfer 1979), ähnlich Michail Bakunins Anarchismus (Bakunin 1972, bes. S. 189–208; 636–656; zur Auseinandersetzung zwischen Marx/Engels und Bakunin siehe MEW 18) und Freires „Pädagogik der Unterdrückten" (1973). Wie Marx waren auch die übrigen Verfechter einer lebenspraktischen Jedermannsphilosophie außerhalb der Universitätsphilosophie tätig, der Philosoph des Pragmatismus Peirce und der Existenzphilosoph Kierkegaard. Alle drei haben auch heute noch breitenwirksame philosophische Strömungen begründet (Martens 1980b); sie konnten aber gelehrte und gelebte Philosophie weder in ihrer eigenen Existenz noch in der institutionellen Organisation untereinander versöhnen, ähnlich auch Schopenhauer und Nietzsche nicht. Als Gegenstand wissenschaftlicher Forschung sind diese Jedermannsphilosophien zwar auch in den Philosophischen Seminaren der Universitäten noch präsent, jedoch kaum mehr mit dem noch bei Kant vertretenen Primat einer Philosophie nach dem „Weltbegriff“. Auch der späte Wittgenstein und die Vertreter einer “ordinary language philosophy” können nicht als Gegenbeispiele herhalten, da sie den Jedermannsbezug der Philosophie oft nur noch auf reine Sprachanalyse reduzieren, die fast nur für Spezialisten als Philosophentherapie von Belang ist.

Die Verwirklichung einer Jedermannsphilosophie hängt auch vom Gesellschafts- und Bildungssystem ab. Den institutionellen Aspekt hebt Habermas in seiner Kritik an einer elitären Philosophie hervor: „Philosophie war Sache einer Bildungselite, sie hat niemals die Massen erreicht. Die Organisationsformen der Philosophischen Lehre und die soziale Zusammensetzung ihrer Adressaten haben sich in der Geschichte der Philosophie gewandelt, aber faktisch, wie auch ihrem Selbstverständnis zufolge, ist Philosophie von Anbeginn jenen vorbehalten gewesen, die Muße hatten, d. h. von produktiver Arbeit freigesetzt waren. Das geistesaristokratische Vorurteil, daß die vielen philosophischer Einsicht von Natur aus unfähig seien, hat die Philosophie bis Hegel begleitet. Es ist freilich im 18. Jahrhundert von den Repräsentaten der Aufklärungsphilosophie zeitweilig durchbrochen worden. Für deren Programmatik fehlte aber damals, ohne ein allgemeines Bildungssystem, jede Grundlage“ (Habermas 1971b, S. 25f.; ähnlich Zimmerli 1981, S. 139). Der von Anbeginn angelegte „Widerspruch zwischen dem Vernunftanspruch auf universale Geltung der Erkenntnis und der bildungselitären Einschränkung des Zugangs zum Philosophieren auf wenige“ findet sich nach Habermas seit Platon in der politischen Philosophie einer Eliteherrschaft wieder (S. 28). Über die Humboldtsche Universitätsneugründung zu Beginn des 19. Jahrhunderts habe die Philosophie als Fach innerhalb der gymnasialen Lehrerausbildung und als „Hintergrundideologie der entstehenden Geisteswissenschaften“ eine große Verbreitung im Bildungsbürgertum gewonnen und sei ein „Ferment der bürgerlichen Ideologienbildung“ geworden, bis in die „bildungshumanistisch geprägten Gesellschaftsbilder“ der Gegenwart hinein (S. 28f.). Dagegen „schienen die elitären Schranken“ in der Philosophie zu fallen, die über Marx in der Arbeiterbewegung Wirksamkeit erlangte, wie Habermas zu Recht vorsichtig formuliert (S. 29; vgl. Bahro 1977, S. 299ff.; Haug 1981; Brüning 1981). In der Tat stellt sich die Frage, ob das popularphilosophische Programm der Aufklärung unterdessen ein angemessenes Bildungssystem als eine notwendige Grundlage gefunden hat und welche philosophische Richtung und gesellschaftliche Wirklichkeit die Realisierung eines derartigen Programms am ehesten begünstigen könnten (vgl. Heydorn 1979/80). Sicher läßt sich Philosophie als autonomes Weiterdenken nicht auf einen bestimmten Bildungszeitraum begrenzen und etwa ein Philosophieunterricht in der Sekundarstufe II von einer vorangehenden „Kinderphilosophie“ und einer nachfolgenden „Erwachsenenphilosophie“ abschneiden. Auch lassen sich philosophische Theorie und Praxis des „guten Lebens aller“ nicht voneinander trennen, weder im Alltag der Schule hinsichtlich Organisation und Methode des Unterrichts noch in der Schule des Alltags in der individuellen und gesellschaftlich-politischen Praxis soll „Philosophische Praxis“ (Achenbach/Lorenzen 1982 a; Achenbach 1982 b) wirklich werden.

IV. DIDAKTIK-PRAXIS

1. Zur Lehr-Lernbarkeit der Philosophie

Die Konstituierungsthese sollte auf keinen Fall dazu verleiten, die Objekt-Seite der Philosophie zugunsten der Subjekt-Seite des Philosophierens aufzugeben und einen bloßen Nachvollzug gegen Selbstdenken einzutauschen. Vielmehr muß die Antithese als Vermittlung aufgehoben werden. Zur Diskussion steht dabei die Frage, ob und wie Philosophie gelehrt und gelernt werden kann.

Zur ersten Orientierung sind einige grundlegende Ergebnisse der Lernpsychologie und Allgemeinen Didaktik hilfreich. Die Unterscheidungen der Allgemeinen Didaktik zwischen „darstellendem" Lernen und Unterricht (Ausubel 1974) und „entdeckenlassendem" (Bruner 1973) kennzeichnen genau das Problem, das es zu lösen gilt. Auch die entsprechenden Positionen eines „geschlossenen" und eines „offenen" Unterrichts sowie der dazugehörenden curricularen Planungen auf der Lehrplanebene weisen auf die hier aufzuhebende Antithese von Lehr- und Lernperspektive hin (Martens 1979, S. 29–36). Auch von der Lernpsychologie, auf die sich die Allgemeine Didaktik beruft, kann man einige Aufschlüsse erhoffen (siehe Kap. IV 3). Psychologen können allerdings nur feststellen, wie Lehr- und Lernprozesse faktisch verlaufen, müssen dabei aber bestimmte Vorannahmen über Begriffe wie „lehren", „lernen", „denken", „erkennen" machen und von normativen Voraussetzungen ausgehen, wie derartige Prozesse verlaufen sollten. Die Lernpsychologie setzt begriffliche und normative Entscheidungen voraus, die in einer philosophischen Reflexion zu überprüfen sind. Sodann wäre bei der Frage nach der Lehr-Lernbarkeit von Philosophie nicht nur der Lern- sondern auch der Philosophiebegriff zu klären. Die bisherigen Überlegungen zur Konstituierungsthese machen es möglich, einige der wichtigsten herkömmlichen Einwände gegen die prinzipielle Lehr- und Lernbarkeit von Philosophie zu präzisieren, zu diskutieren und zurückzuweisen.

Von der faktischen Didaktik-Praxis her scheint die Frage, ob Philosophie überhaupt lehr- und lernbar sei, kein Problem zu sein. Sie wird seit langem gelehrt und gelernt; zusätzlich wird in der Lehrerausbildung gelehrt, wie Philosophie gelehrt werden soll und kann. Auf diese faktische Didaktik-Praxis und Didaktik der Didaktik-Praxis könnte man sich, so scheint es, einfach berufen. Außer der institutionellen, expliziten Didaktik-Praxis der Philosophie könnte man auch ihre alltägliche, implizite Didaktik-Praxis heranziehen. Auch im Alltag „gehen wir Dingen auf den Grund", versuchen wir etwas zu Ende zu denken und uns gegenseitig von unseren Überlegungen zu überzeugen, wenn auch nicht mit dem Anspruch, Philosophie zu betreiben, und nicht mit professionellen Mitteln. Eine Didaktik-Theorie der Didaktik-Praxis von Philosophie müßte jedoch die Voraussetzung klären, daß es sich bei der Didaktik-Praxis auch wirklich um Philosophie (und um Didaktik) handelt. Geleugnet wird ja nicht die faktische Didaktik-Praxis von Philosophie, sondern ihre Legitimität. Bei den Einwänden gegen die Lehrbarkeit der Philosophie, die faktisch gelehrt wird, auch von ihren theoretischen Anti-Didaktikern, bleibt häufig unklar, was jeweils unter „Philosophie" und unter „lehren" verstanden wird. Dann läßt sich über konkrete Methodenfragen erst recht nichts Vernünftiges sagen. Die prinzipiellen und konkreten Fragen der Didaktik-Praxis von Philosophie kann man in einer ersten Näherung lösen, wenn man die Einwände etwa nach fünf Hinsichten analytisch unterscheidet, wenn auch keineswegs von der Sache her trennt. Bei einem Antwortversuch sollen die Rückgriffe auf Platon über die exemplifizierende Funktion hinaus auch eine systematische haben, da sie die verschiedenen Einwände entkräften helfen.

(1) Häufig wird Didaktik der Philosophie auf das Lehren oder *Informieren* über Begriffe, Argumente und philosophiegeschichtliche Daten (wer was gedacht oder besser: gesagt hat) reduziert, nicht weil man dies für gute Philosophie-Didaktik hielte, sondern weil man sie sich eben nicht anders vorstellen kann. Das eigentliche Philosophieren bewege sich dagegen im Gespräch der Sachkenner. Der erste Einwand lautet daher: Philosophie kann man allenfalls äußerlich vermitteln, und man sollte dies besser unterlassen. Von dem Standpunkt etwa einer streng analytischen Philosophie aus wird umgekehrt aus dem Einwand gerade die Forderung einer angemessenen, nur auf Lerneffektivität bedachten Didaktik gemacht. Zweifellos gehört ein Faktenwissen zum Philosophieren hinzu, nicht nur aus prüfungstechnischen Gründen, sondern weil Kenntnisnahme und Nachvollzug von bereits Gedachtem das Selbstdenken erleichtert oder erleichtern kann. Auch Sokrates schickte seine Schüler zunächst zum Sophisten Prodikos, etwa im ›Theätet‹ (151 b). Er verstand sich auch selber auf das analytische Geschäft und kannte sich in den „Vorsokratikern" der für ihn recht kurzen Philosophiegeschichte gut aus. Eine bloß äußere Philosophiegeschichte wird aber auch der überzeugteste Traditionalist und Hermeneutiker als Doxographie oder bloße Meinungs-Lehre ablehnen. Und die rein begrifflich-argumentative Analyse unterscheidet sich im Prinzip kaum vom in Philosophenkreisen beliebten Beispiel des „Fliegenbeinzählens" für die

empirisch-analytische Methode, es sei denn, daß sie durch den Zusatz „philosophisch" Eindruck machen möchte – während sie höchstens ein „Elephantenbeinzählen" erreichen kann.

(2) Ein zweiter Einwand lautet: Die *Anwendung des Allgemeinen* auf das Besondere, des Begriffes auf den Einzelfall, der Handlungsmaxime auf die konkrete Situation sowie der umgekehrte Weg läßt sich nicht mehr durch bloße Information vermitteln oder andemonstrieren. Im Umgang mit Begriffen, Argumenten und Handlungsmaximen benötige man Urteilskraft. Diese könne man nur durch Vollzug, durch Übung erwerben. Damit ist jedoch nicht das Lehren und Lernen von Philosophie an eine Grenze gestoßen, sondern das theoretische um das praktische Lehren und Lernen erweitert. Der Übergang vom theoretischen Wissen zum praktischen Können der Philosophie bedarf nach Platons Philosophen-Curriculum im VII. Buch des ›Staates‹ einer langen Zeit, deren Abschluß mit dem fünfzigsten Lebensjahr markiert wird.

(3) Als dritten Einwand hört man oft: Urteilen, verstehen oder einsehen, verstanden als kognitive Tätigkeiten, muß jeder *selber*; dies kann man keinem abnehmen, weder in der Philosophie noch sonst beim Lernen überhaupt. Diese lernpsychologische Tatsache kann aber nicht als Einwand gegen das Lernen von Philosophie (und von Lernen überhaupt) gelten. Das Selbstdenken kann einem keiner abnehmen, aber man kann es vorbereiten, anregen. Es macht weder das Informieren (1) noch das Einüben (2) überflüssig und ist kein völlig spontaner, geheimnisvoller Akt, wie man oft aus Platons ›Siebenten Brief‹ herausliest. Die „plötzliche Einsicht" oder der „fruchtbare Moment im Bildungsprozeß" (nach Friedrich Copeis Buchtitel von 1930), bedarf auch in der Philosophie einer Vorbereitung und ist in einen Lehr-Lernprozeß eingebunden.

(4) Ein vierter Einwand wäre: Man kann *niemanden dazu zwingen*, über sich und seine Annahmen radikal Rechenschaft abzugeben und entsprechend zu handeln. In der Tat setzt die philosophische Praxis im Denken und Tun einen freien Entschluß voraus und verlangt eine durchgehende moralische Anstrengung, seine Subjektivität zugunsten eines theoretischen oder praktischen allgemeinen Standpunktes „aufzuheben". So setzt sich etwa im I. Buch des ›Staates‹ der Sophist Thrasymachos – der „Draufgänger" – äußerst aggressiv gegen das sokratische Prüfungsverfahren zur Wehr, anders als wir es von den Gesprächspartnern des Sokrates in den anderen Dialogen gewohnt sind. Ähnlich versucht allerdings auch Kritias im ›Laches‹, sich einer „Bloßstellung" durch Sokrates zu entziehen. Philosophieren setzt nicht nur kognitive, sondern auch moralische Fähigkeiten voraus, aber damit noch längst keine besondere „philosophische Begabung", wie der vierte Einwand suggeriert. Abgesehen davon, daß eine der-

artige anthropologische Konstante ohnehin zweifelhaft genug ist, macht sie die Philosophie selber zu einer von jedem Alltagsbezug abgehobenen, ungewöhnlichen Angelegenheit. Allerdings bliebe der vierte Einwand noch insofern bestehen, als in der Tat nur schwer auszumachen ist, wieweit „Lehre" für die notwendige „Gutwilligkeit" oder „Wahrhaftigkeit" etwas ausrichten kann. Der existenzphilosophische Appell weist zu Recht auf diese Grundbedingungen des Philosophierens hin und auf ihre Unverfügbarkeit durch eine theoretische Lehre. Dennoch entziehen sie sich nicht jeder didaktischen Beeinflussung. Ähnlich wie bei der Lehre durch Vollzug und Übung geht es hier jedoch um ein praktisches Lehren und Lernen. Hierzu könnten sozialpsychologische und gruppendynamische Kenntnisse und Fähigkeiten beitragen (Heintel 1978). Allerdings liegen bisher zu wenige verläßliche Untersuchungen über die Möglichkeit vor, kritisches Denken und Handeln über eine bloß äußerliche Technik hinaus durch philosophische, praktische Lehre auch dauerhaft zu vermitteln (Ross/Semb 1981). Auch sind vor- und außer(hoch)schulische Einflüsse sicher viel stärker wirksam als nur kurze Übungsphasen. Insgesamt macht der vierte Einwand deutlich, daß Philosophie-Didaktik auch ein praktisches Können der Lehrenden und Lernenden verlangt, das allerdings nicht auf ein „pädagogisches Naturtalent" oder eine besondere „philosophische Begabung" festgeschrieben werden darf.

(5) Ein letzter, gewichtiger Einwand gegen die Lehrbarkeit der Philosophie wird von einer Philosophie des Absoluten her vorgebracht: das Absolute, der höchste Punkt der Philosophie, „die eigentliche Philosophie" ist nur durch sich selber einsehbar, weil das Absolute in sich selber ruht. Versteht man Lehren und Lernen als Zurückführen von etwas Unbekanntem auf etwas Bekannteres, kann man in der Tat das so definierte Absolute nicht lehren und lernen. Es setzt ein intuitives Einsehen voraus, wie jedes unteilbares Etwas, das nur als es selbst erfaßbar und bestimmbar ist. Auf diese Aporie verweist Platon im ›Theätet‹ und ›Parmenides‹ für die Erkenntnis der ersten Elemente oder „Ideen" hin. Im ›Staat‹ scheint das Absolute, „die Idee des Guten" oder die „Sonne", nur in einer plötzlichen Schau erfaßbar zu sein. Gerade die Philosophie des Absoluten jedoch gibt bei Platon eine Lösung der Frage nicht nur, *ob*, sondern auch *wie* Philosophie gelehrt und gelernt werden soll und kann. Bei Platon ist die „Schau des Höchsten" kein theoretischer, spekulativer Akt, der „irgendwie" gelingt, und dies auch nur wenigen. Viele Stellen mögen bei Platon zwar eine Interpretation nahelegen, nach der ein jenseitiger, abgetrennter „Ideenhimmel" durch eine diesseitige, menschliche Vermittlung des Lehrens und Lernens „auf der Erde" in der Tat kaum erreichbar ist. Diese Verabsolutierung oder Dogmatisierung der Ideen, unseres Redens und Handelns ist jedoch andererseits bei

Platon von den frühen über die mittleren bis hin zu den späteren Dialogen gerade *der* ständige Kritikpunkt. Die Verabsolutierung widerspricht nach Platon unserer Dialog-Praxis und läßt sich als Lehre vom „Ideengeflecht" auflösen. In der „Schau des Höchsten" drückt sich ganz unprätentiös die gekonnte Praxis des sokratischen radikalen Weiterdenkens aus. Dieses Können läßt sich evidenterweise erst nach langer Übung erreichen, und auch nie in einem abgeschlossenen Zustand. Metaphysik erscheint bei Platon in einer derartigen Betrachtungsweise als gekonnte, reflektierte Alltagspraxis. Das Außergewöhnliche ist oder soll das Gewöhnliche sein. Dialogische Praxis ist (bei Platon) gekennzeichnet durch begrifflich-argumentative Genauigkeit, durch einen unglaublichen Glauben an die Möglichkeit von Wahrheitserkenntnis, durch Offenheit gegenüber neuen Einsichten, gegenseitige Sympathie oder Ernstnehmen, Geduld und Toleranz, auch gegenüber den eigenen intellektuellen und moralischen Schwächen.

2. Bildungs-Philosophie

Die generelle Aufklärungsfunktion der Philosophie als radikales Weiterdenken läßt keine institutionelle Verfestigung oder Einengung von Lernorten zu, auch keine soziale, geschlechts-, begabungs- oder altersspezifische Einengung. Natürlich bedarf eine so verstandene Philosophie institutioneller Vorkehrungen der „Muße" als Entlastung von unmittelbarem Handlungsdruck. Besonders in schwierigen wirtschaftlichen Phasen wird nicht immer klar genug erkannt, daß eine Verbesserung des Ausbildungs- und Bildungssystems sowie eine praktizierte Jedermannsphilosophie nicht eine bloß idealistische Forderung ist, sondern auch eine wichtige Voraussetzung des gemeinsamen Überlebens. Die Aufklärung über den angemessenen Umgang miteinander und mit der Natur ist lebensnotwendige Abkehr von ausbeuterischem, selbstzerstörerischem Handeln. Daß diese Aufklärung nicht von politischen oder philosophischen Führern, auch nicht von wissenschaftlichen Experten erwartet werden kann und darf, liegt in ihrer eigenen Begriffsbestimmung. Ebenso ist eine trügerische Sicherheit über Begründung und Erfolg von Aufklärung aufzugeben. Wenn wir nach Schnädelbach (1979) in einer Aufklärung über die Aufklärung auch die Vernunft selbst in ihrer geschichtlichen, kontingenten Form erkennen und den Glauben an ihre überzeitliche, aprioristische Fundierung und ihrem teleologischen, sicheren Verlauf aufgeben müssen, dann bedeutet dies „nicht nur, daß wir unter *kontingenten Bedingungen* Vernunft annehmen müssen, sondern daß auch dieses Vernunft-Annehmen ein *kontingentes Unterfangen* ist, ohne transzendentale Garantien und mit unbestimmtem Ausgang"

(S. 36). Die Kontingenz des Aufklärungsprozesses gilt jedoch nicht nur in welt-, sondern auch in lebensgeschichtlicher Hinsicht, nicht nur für den Lehr-Lernprozeß in der Vernunftsentwicklung der Menschheit, sondern auch der Individuen. Diese Kontingenz ist ein weiteres Argument, die konkrete Vermittlung von Philosophie als Aufklärungsprozeß jenseits bloßer Abbilddidaktik, wo Anfang und Ende feststehen, ernst zu nehmen.

Aus der Geschichte der Aufklärung als kontingentem Vernunftsprozeß lassen sich generelle Bildungs- oder Erziehungsziele gewinnen, wenn auch keineswegs fehlerhaft als ein Sollen aus dem Sein ableiten. Ich möchte im folgenden drei grundsätzliche Erziehungskonzepte beschreiben, historisch den verschiedenen Aufklärungsbewegungen zuordnen und kritisch analysieren. Dabei kann es sich nur um recht grobe Unterscheidungen handeln; Mischformen sind denkbar und eher realitätsgerecht. Zu Anfang der menschlichen Entwicklung vollzog sich die Erziehung unmittelbar im Familien- und Stammesclan und orientierte sich an den Erfordernissen des täglichen Überlebens. Erst mit den *Mythen und Religionen* (1) versuchte der Mensch, größere Lebenszusammenhänge zu deuten, etwa die Natur mit ihren wiederkehrenden Jahreszeiten und drohenden Naturgewalten als Wirken übermenschlicher Kräfte zu verstehen. Ordnung und Gehorsam diesen Kräften gegenüber waren die leitenden Erziehungsziele, getreu den gesellschaftlich-politischen Bedingungen. Dieses Grundmuster kehrt in vielen geschlossenen Erziehungssystemen wieder. Der Mensch läßt sich hier von einem vorgegebenen „Wertehimmel“ leiten, auf den er selber keinen Einfluß hat. Er ist fremdbestimmt. Jeder, der von „Werten an sich“ ausgeht und ein festes, klar gestuftes Wertesystem vertritt, steht in diesem Denken. Er verrät sich bereits dann, wenn er seine Erziehungsziele etwa mit der Redeweise rechtfertigt „man muß doch . . .“ oder „es ist doch klar, daß man das und das tut“. Gegen ein derartiges Denken „von oben herab“ haben sich die Philosophen der Aufklärung stets gewandt. Erst in der Aufklärung des 18. Jahrhunderts jedoch konnten zumindest die Bürger ein selbstbestimmtes Handeln für sich konkret durchsetzen. Dabei bildeten sich neben den Idealen „Freiheit – Gleichheit – Brüderlichkeit“ die Tugenden und Erziehungsziele des *bürgerlichen Wohlverhaltens* (2) heraus, die die errungenen Freiheiten sichern und ausbauen sollten: Ordnung, Gehorsam, Pflichterfüllung, einen ordentlichen Beruf lernen, etwas im Leben darstellen, Vorwärtskommen, Sauberkeit, Sparsamkeit usw. Nun sind diese Erziehungsziele sicher nicht schlechthin abzulehnen. Sie sind jedoch ihrerseits als Mittel zu einem Zweck zu überprüfen. Nach dem bei uns vermutlich vorherrschenden *liberalistischen* Erziehungsmodell (3) schließlich soll jeder nach seinen eigenen Interessen selber bestimmen, wie er sein Leben gestalten möchte und sich von niemandem und keiner Instanz hineinreden lassen. Das hört sich freiheitlich an, ist aber in Wirklichkeit repressiv. Dieses Konzept redet dem einzelnen eine Freiheit ein, die (jedenfalls gegenwärtig) gesellschaftlich-politisch nicht einlösbar ist. Außerdem brauchen wir für unser Zusammenleben gemeinsame Regelungen. Dies sind Einwände von der praktischen Seite der Durchführbarkeit her. Philosophisch gesehen handelt es sich hier um das Konzept eines Utilitarismus und Hedonismus: Jeder solle sein Handeln danach ausrichten, was für seine persönliche Befriedigung nützlich ist. Eine derartige Philosophie ist nicht akzeptabel. Sie erlaubt keine Unterscheidung zwischen berechtigten und unberechtigten Interessen. So könnte etwa auch der Sadist sein Handeln damit rechtfertigen, daß es eben seiner persönlichen Selbstverwirklichung diene. Was ist aber das Selbst, das hier verwirklicht werden soll? Die *emanzipatorische* Erziehung hat hiervon eine klare Vorstellung, jedenfalls in ihrer dogmatischen Spielart: Das Selbst solle sich von gesellschaftlich-ökonomischer Entfremdung befreien und seine Fähigkeiten allseitig ausbilden. Vorbedingung hierfür ist die befreite Gesellschaft. Genau hier aber schlägt das Konzept in sein Gegenteil um. Die Vorbedingungen der befreiten Gesellschaft werden oft durch Zwang, sei es militärischer oder bürokratischer Art, gesetzt; gerade dadurch aber wird die freie Entfaltung aller verhindert.

Die drei hier nur sehr grob vorgestellten Erziehungskonzepte sollten nun keineswegs generell abgetan werden. Vielmehr möchte ich wenigstens umrißhaft zeigen, wie ihre jeweils berechtigten Ziele in einem Erziehungskonzept verbunden und aufbewahrt werden sollten:

- die Bindung des Menschen an eine vorgegebene fundamentale Wahrheit, über die er nicht verfügen kann (das mythologisch-religiöse Konzept);
- die alltägliche Lebenssicherung und das Zusammenleben in Staat und Gesellschaft durch anerkannte Konventionen (bürgerliches Konzept);
- die Fähigkeit und Möglichkeit des einzelnen, sich gegen eine bloß behauptete vorgegebene, fundamentale Wahrheit und gegen bloß behauptete notwendige Konventionen zu wehren (liberalistisch-emanzipatorisches Konzept).

Bindung an eine vorgegebene, fundamentale Wahrheit, über die wir nicht verfügen können, muß nicht gleichgesetzt werden mit Bindung an ein religiöses oder metaphysisches System von Glaubenssätzen und deren institutionellen Trägern. Sie kann es aber. Denn Glaube äußert sich in Sätzen und wird überliefert und gepflegt durch Institutionen. Jeder einzelne wird sich hier nach seinen jeweiligen Erfahrungen mit derartigen Sätzen und Institutionen frei entscheiden müssen, ohne Zwang einer Staatsreligion oder eines pädagogischen Drucks. Entscheidend sind die Erfahrungen und Einsichten selber, die man in einem sehr weiten Sinn als religiös bezeichnen könnte. So ist die Würde der Person und sind auch die Menschenrechte nicht rein immanent vom Nutzenstandpunkt her zu erklären: den Mehrwert des Menschen darf niemand abkassieren.

Zu den fundamentalen Bedingungen gehört ferner, daß wir für unser Zusammenleben als Personen auf Klarheit, Wahrhaftigkeit, Freiheit und Gerechtigkeit angewiesen sind, als Voraussetzung eines jeden Gespräches, das gemeinsames Handeln klären soll (vgl. Habermas 1971a). Wenn wir uns gegenseitig als Personen respektieren wollen, muß bei der Regelung unserer gemeinsamen Angelegenheiten jedermann seine Auffassung unmißverständlich und ehrlich äußern, zudem ohne äußeren Zwang und mit gleichen Redechancen. Wir müssen daran arbeiten, daß es wirklich wird. *Die bürgerlichen Konventionen* sind zu Recht in Verruf geraten, sofern sie einen Gruppenegoismus bemänteln oder inhaltlose Formen geworden sind. Dennoch brauchen wir für unsere Existenzsicherung und für unser Zusammenleben bestimmte Regeln und Imperative. Einen Beruf lernen oder Anordnungen befolgen gehört zu unserer bürgerlichen Lebensform, ebenfalls gewisse kulturelle und kognitive Fertigkeiten und Fähigkeiten. Wir sind *auch* „Mittel zum Zweck". Unser Leben ist durchzogen von Regelungen verschiedenster Art, von den Rechtsvorschriften bis hin zu den Tischsitten. Sie entlasten uns im Sinne der Gehlenschen „Institutionen" von einem ständigen Entscheidungsdruck und geben uns eine gewisse Sicherheit, was wir voneinander erwarten können und was wir zu tun haben.

Kritikfähigkeit: Diese Entlastung kann jedoch zu einer Belastung werden, wenn die Konventionen nicht mehr ihren Zweck erfüllen. Sie müssen daher kritisierbar und änderbar sein. Dasselbe gilt für die fundamentalen Bindungen in ihrer jeweiligen Formulierung und Auslegung. Gerade heute erleben wir im Zuge der weltweiten Aufklärung in Form der wissenschaftlich-technischen Revolution, daß die überkommenen Wahrheiten und Konventionen in Frage gestellt werden. Daher muß der einzelne befähigt werden, auch wirklich das sokratische Weiterdenken und das Kantsche „Habe Mut, dich deines eigenen Verstandes zu bedienen!" zu praktizieren. Mit dieser Skizze dürfte zumindest umrißhaft mein Vorschlag zu einem Erziehungs- oder Bildungskonzept sichtbar geworden sein, der die Tradition der verschiedenen Aufklärungsbewegungen aufnimmt und fortzuentwickeln versucht:

– die fundamentalen Wahrheiten geben die obersten Erziehungsziele an;
– die bürgerlichen Konventionen und Regelungen nennen hierzu die Mittel, als Zwischen-Ziele, hierzu gehören auch die notwendigen Kulturtechniken und empirischen Kenntnisse über unsere Lebenswelt;
– die Kritikfähigkeit schließlich beinhaltet die Methode, mit deren Hilfe

die obersten Ziele nicht dogmatisch erstarren und die Mittel auf ihren Zweck hin geprüft werden; sie ist selber ein Erziehungziel, das uns als Vernunft- oder aufklärungsfähige Lebewesen auszeichnet.

Philosophie als Aufklärung spezifiziert Schnädelbach (1979, S. 17–20) nach drei Bedingungen, die man als Zusammenfassung und Verdeutlichung der hier gewonnenen Ergebnisse lesen kann: (1) Von einer bloßen Informationsanreicherung unterscheidet sich der Aufklärungsprozeß durch die Reflexivität als „*Selbst*erkenntnis", „und dies in dem Doppelsinn, daß es sich dabei um Erkenntnis *seiner selbst* und zugleich um *selbstgeleitete* Erkenntnis handelt". „*Selbst*- und *Fremd*aufklärung", „eigene Einsicht" und „Anleitung" seien jedoch nicht voneinander zu trennen; und weil „die Narrheit auf eigene Faust in der Autorität der Wahrheit ihre Grenze zu finden hat", stellt sich die Frage nach den „Grenzen zwischen *Erziehung zur Mündigkeit* und *Indoktrination*, zwischen *Freiheit* und *Wahrheit*". Mit diesem Spannungsverhältnis von Selbstdenken und Nachvollzug deutet Schnädelbach der Sache nach auf die schwierige Grenzziehung zwischen Abbilddidaktik und konstitutiver Philosophie-Didaktik oder zwischen einem Dogmatismus aus der Lehrperspektive wie aus der Lernperspektive gleichermaßen. (2) Zweitens ist nach Schnädelbach Aufklärung öffentliche Kommunikationspraxis: „Was Aufklärung von der passiven Informationsaufnahme unterscheidet, ist das Aktive: ist *Arbeit, Praxis*", und zwar, nach Kant, als „*Interaktion* in einem *Publikum*." Praktisch ist Aufklärung als Selbsterkenntnis wenigstens insofern, als sie „*Selbstveränderung*" ist, ohne damit sofort eine vernünftige Praxis zu verbürgen: „Veränderungen unseres Selbstbildes sind unmittelbar *handlungs*relevant, weil sie unsere Bedürfnisse und Interessensstrukturen berühren, die ihrerseits die Motivation und Rechtfertigung unserer Handlungen tragen." Kritik einer „Einschränkung von Aufklärung auf dem kognitiven Bereich" gilt ebenfalls für ein kognitivistisch verkürztes Leben und Lernen von Philosophie, das nicht in einem gemeinsamen Problemlösungsprozeß der beteiligten Subjekte aufgehoben wird. (3) Drittens sei das durchgängige Moment der Reflexivität auch noch als „*Aufklärung der Aufklärung über sich selbst*" zu praktizieren. Didaktisch gewendet bedeutet Schnädelbachs dritte Bedingung, daß der Lehrende der Philosophie jedenfalls prinzipiell zugleich auch Lernender ist, der auch über seine eigene Unterrichts- oder Aufklärungsarbeit Rechenschaft abzulegen und nicht nur von anderen abzuverlangen hat. Auch von der Fehlbarkeit der Selbstaufklärung her verbietet sich daher eine Abbilddidaktik.

Die von Schnädelbach unterschiedenen Bedingungen von Philosophie als Aufklärung lassen sich auch auf eine konstitutive Philosophie-Didaktik übertragen, bei der Produkt und Prozeß, Tat-Bestand (Tradition) und Tätigkeit, Objekt- und Subjektbezug eine spannungsreiche Einheit bilden. Die enge Verbindung von Philosophie und Bildungs-Prozeß ist auch in Platons Höhlengleichnis ausgedrückt. Erkenntnis ist hier keine passive Schau wie etwa im Lehrgedicht des Parmenides, sondern aktives Tun, schrittweises und schmerzliches Sich-Lösen von den „Fesseln", die den Weg zum „Licht" der Aufklärung behindern.

3. Lernen und Handeln

Wenn man auch kaum von „der" Jugend sprechen kann, kommt entwicklungspsychologisch gesehen Philosophie als Aufklärungsprozeß den Bedürfnissen oder Zielen (1) gerade der Oberstufenschüler besonders entgegen, in einer Phase der Adoleszenz, des Umbruchs, der Selbst- oder Identitätsbildung und Selbstbehauptung (vgl. Baacke 1979; Rucht 1979). Nach dem hier entwickelten Konzept einer konstitutiven Philosophie-Didaktik lassen sich Ziele, Inhalte und auch die Methoden des gemeinsamen Philosophierens in letzter, idealer Instanz nur im jeweiligen Aufklärungsprozeß der konkreten, in ihrer Kontingenz nicht durchweg planbaren Lerngruppe rechtfertigen. Diese Kontingenz dokumentieren recht deutlich Synopsen von Ziel-, Inhalts- und Methodenangaben in Lehrplänen von Schulen (Renda 1981, S. 129–133) und Hochschulen (Detel/Martens/Schnädelbach 1980). Deduktive Ableitungen ließen sich nur bei dogmatisch gesetzten Prämissen der Allgemeinen Didaktik, der Philosophie, der gesellschaftlichen Notwendigkeiten sowie der Schüler- und Lehrerinteressen gewinnen. Sie würden zudem unterrichtliches Handeln mit konditionierbarem und prognostizierbarem Verhalten verwechseln. Vielleicht könnte die Aufklärungsbewegung des platonischen Höhlengleichnisses im ›Staat‹ ein Modell abgeben, wie sich der Prozeß des Weiterdenkens strukturieren läßt. Die frühen Dialoge Platons handeln von der Frage nach der Neubegründung der brüchig gewordenen Zielvorstellungen; die mittleren Dialoge, etwa der ›Theätet‹, kreisen um die Frage, wie das für die Neubegründung erforderliche Wissen beschaffen ist; die späteren Dialoge schließlich setzen sich mit der damaligen Wissenschafts-Diskussion auseinander, etwa mit der „Atom-Theorie" im ›Timaios‹, und beschäftigen sich mit dem Problem eines gerechten menschlichen Zusammenlebens, vor allem in ›Staat‹ und in den ›Gesetzen‹. Übertragen auf das Höhlengleichnis ergeben sich aus der Abfolge der Dialoge folgende vier Inhaltsbereiche (2):

- *Einführung* in das Weiterdenken in einer Umbruchs- oder Krisensituation (Beginn des Sichlösens von den Fesseln);
- *Wissen* als Begründung und Rechtfertigung theoretischer und prakti-

scher Sätze (Aufstieg aus der Höhle; Umwendung als Denken über das Denken);

- *Wissenschaft* in einer wissenschaftlich-technischen Lebenswelt; Erkenntnisweisen und leitende Interessen der Wissenschaften bzw. Schulfächer (weiterer Aufstieg aus der Höhle, bis hin zum Begreifen der Idee des Guten);
- *menschliches Zusammenleben* in Gruppen, Gesellschaft und Staat (Abstieg in die Höhle, praktische und praktizierte Philosophie).

Für die methodische Frage (3), wie sich ein problemorientiertes, gemeinsames Lernen der Philosophie oder wie sich das Philosophieren dialogisch-pragmatisch organisieren läßt, kann man aus Hans Aeblis Buch ›Denken: das Ordnen des Tuns‹ (1981) recht gute Anregungen erhalten. Aebli vertritt einen Begriff des Lernens und Denkens, den er von Deweys Pragmatismus her gewinnt: „Kognitive Tätigkeit – Denken – ist Sicherung, Aufbau und Ausbau der Strukturen des Handelns, des Operierens, des Wahrnehmens und des Deutens. Wo anders sollte Anlaß zum Denken entstehen, als wo dem Menschen sein Handeln, sein Rechnen, sein Wahrnehmen und sein Deuten problematisch wird?" (Bd. 2, S. 13; zu Dewey siehe S. 370f., S. 384f.). Akzeptiert man die philosophischen Voraussetzungen des pragmatischen Lernbegriffs (Martens 1981b), auch von der Konstituierungsthese her, sind einige Unterscheidungen Aeblis zur Lösung der scheinbaren Antithese Selbstdenken und Nachvollzug hilfreich.

Aebli unterscheidet *erstens* „Problem" von „Schwierigkeit" (S. 17–19). Eine erlebte Schwierigkeit, die auch Tiere haben können, wird erst dann zum Problem, wenn jemand – und dies kann nur ein Mensch vollziehen – sie bewußt als Hindernis zur Erreichung eines von ihm angestrebten Zieles auffaßt. Das Problembewußtsein ist relativ zur konkreten Situation und zu subjektiven Zielsetzungen. *Zweitens* kann das Problem aktuell vorhanden oder bloß vorgestellt sein (S. 13f.). Problembewußtsein kann geweckt werden und ist nicht an aktuelle, präsente Ereignisse gebunden. *Drittens* unterscheidet Aebli drei Problembereiche, die ebenfalls einen zu engen Handlungsbezug des Lernens ausschließen (S. 13–17). Denken als „Ordnen des Tuns" kann sich in dreierlei Formen vollziehen. Einmal kann es Handeln im engeren, konkreten Sinn bedeuten, Handlungsschritte auf ein Ziel beziehen; sodann kann es Operieren als „abstraktes Handeln" bedeuten, etwa das Lösen einer Rechenaufgabe; schließlich kann es „das Wahrnehmen, das Deuten und das Verstehen von Situationen, von Objekten und Texten" sein, wobei wir uns jeweils „ein Bild der Wirklichkeit bzw. eines Ausschnittes aus ihr schaffen", in sprachlicher oder anschaulicher Vergegenwärtigung (S. 15). In allen drei Denkformen können, wie Aebli *viertens* unterscheidet, jeweils drei Problemtypen auftauchen: eine Handlung,

Operation oder Darstellung von Wirklichkeit kann entweder lückenhaft, widersprüchlich oder zu kompliziert sein. Ein Ladenbesitzer etwa hat noch nicht alle Schritte übersehen, mit denen er einen Konkurrenten in der Nähe ausschalten kann; er sieht sich vor einen Widerspruch gestellt, weil einerseits Konkurrenz seinen Absatz mindern, aber andererseits auch das Geschäft insgesamt beleben kann; schließlich kann sein Plan zu kompliziert und aufwendig sein. Dieselben drei Problemtypen lassen sich leicht für die beiden anderen Problembereiche vorstellen, für das Operieren und die Darstellung von Wirklichkeit.

Aeblis sehr differenzierten Untersuchungen zur Begriffsbildung, zum Denkprozeß, zum Wissensmodell und zu den Medien des Denkens müssen hier vernachlässigt werden. Als Folgerungen für die Methodenfrage „Selbstdenken und Nachvollzug" sollen aus seinen Unterscheidungen lediglich folgende Punkte hervorgehoben werden:

a) Auch ein philosophisches Problem ist immer ein Problem *für* jemanden, gemessen an einer bestimmten Zielsetzung. Ein Problem-an-sich, eine Frage ohne Fragenden gibt es nicht. Dies ist auch innerhalb der Philosophie bekannt, von der sokratischen „Verwirrung" oder Aporie bis hin zu Heideggers phänomenologischen Analysen der „Modi der Auffälligkeit, Aufdringlichkeit und Aufsässigkeit" (Sein und Zeit, § 16) und zur Hermeneutik insgesamt. Das philosophische Weiterdenken muß daher, methodisch gesehen, von einem Problembewußtsein im Denken und Handeln der beteiligten Subjekte ausgehen.

b) Das Problembewußtsein muß nicht immer bereits faktisch vorhanden sein, sondern kann und muß auch geweckt und auf vorstellbare Situationen bezogen werden. Das antizipatorische Verfahren verlangt von den Lehrenden Mut und Sachautorität zur Vorgabe, von den Lernenden einen Vertrauensvorschuß, daß etwas tatsächlich *als* Problem sichtbar werden kann. Dabei kann es gerade wegen der konkreten Subjekt- und Situations-Relation jedes Problems zu erheblichen Differenzen im Problembewußtsein innerhalb der Lerngruppe kommen. Man kann kaum erwarten, daß sich alle Beteiligten auf ein gemeinsames Problembewußtsein zubewegen können. Diese Einsicht sollte zur Toleranz mit den „philosophisch Uninteressierten" führen, die vielleicht lediglich an einem anderen oder am selben Problem, nur in anderer Form „philosophisch interessiert" sind. Die Toleranz gilt aber auch den didaktischen Fähigkeiten des Lehrenden, der den konkreten Subjekt- und Situationsbezug prinzipiell nicht völlig in einem Allgemeinen aufheben kann. Dennoch stellt sich die Aufgabe, die subjektiven Interessen auf die gemeinsamen, trans-subjektiven Interessen oder Probleme zu beziehen. Diese Beziehung kann jedoch nicht schematisch oder deduktiv, gleichsam von einer immanenten Sachlogik her unterstellt werden, sondern kann nur in einem Einigungsprozeß der beteiligten Subjekte vollzogen und anerkannt werden.

c) Die von Aebli unterschiedenen drei Problembereiche des Handelns, Operierens und Darstellens schließen eine Einengung auf die praktische Philosophie aus und bedeuten auch nicht, wie vor allem aus seinen Beispielen hervorgehen könnte, eine Reduktion von Philosophie auf zweckrationales Problemlösen. Nicht nur sollen im Lernprozeß Mittel und Wege zu einem vorgegebenen Zweck gefunden werden. Vielmehr muß zunächst der Mittel-Zweck-Zusammenhang *als* Problem bewußt werden. Ferner kann die Zweck-Bestimmung selber wieder als Problem in einen Mittel-Zweck-Zusammenhang gebracht werden, welche Schritte man nämlich zum Zweck einer Zweckfindung vollziehen muß. Allerdings helfen Aeblis Analysen zum Denkprozeß nicht weiter, wie man Handlungszwecke bestimmen kann. Aebli klammert die normative Seite in seinen lernpsychologischen Untersuchungen aus. Auch kann man aus ihnen natürlich nicht folgern, ob Philosophie nun eher eine praktische oder theoretische Zielsetzung haben solle. Aebli selber distanziert sich zwar von Deweys Pragmatismus, indem er das zweckfreie, emotionale Erkennen des Weltganzen über das begriffliche Erkennen und praktische Handeln stellt (vgl. S. 385). Doch damit argumentiert er nicht mehr lernpsychologisch, sondern bezieht eine philosophische Position.

d) Bei einem gegebenen Problembewußtsein, ob aktuell vorhanden oder antizipiert, ob mehr in theoretischer oder mehr in praktischer Hinsicht, kann schließlich Aeblis vierte Unterscheidung den jeweiligen Problembereich je nach Problemtyp strukturieren helfen. Auch bei einem philosophischen Problem läßt sich sinnvoll unterscheiden, ob man die Elemente in einem Problemzusammenhang oder Einzelschritte zu einem vorgestellten Lösungsziel unvollständig, widersprüchlich oder zu kompliziert bestimmt hat. Allerdings kann man gerade bei philosophischen Problemen kaum davon ausgehen, daß man sie lückenlos, widerspruchsfrei und in ihren wesentlichen Elementen auflöst. Dies widerspräche nicht nur der von Aebli selber betonten Subjekt- und Situations-Relation des Problemlösens, sondern würde auch die Position eines deduktiven, geschlossenen philosophischen Systems voraussetzen.

Insgesamt läßt sich aus Aeblis Unterscheidungen für die Methodenfrage des Selbstdenkens und Nachvollzugs entnehmen, daß Nachvollzug als bloßes Memorieren oder Reproduzieren von vorgegebenen Problemen und ihren Lösungen keinen Denkprozeß als „Ordnen des Tuns“ darstellt. Vielmehr verlangt dieser Prozeß Selbstdenken in dem Sinne, daß jemand etwas *als* Problem und *als* Lösung akzeptiert. Ob er auch selber etwas als Problem und als Lösung erkennt oder findet, ist damit noch nicht entschieden. Das

Problemfinden kann auch, worauf Aebli in der zweiten Unterscheidung hinweist, von außen angeregt und vorgeführt werden. Selbstdenken wäre hier eher ein Nachvollzug. Um aber die unzulässige Assoziation bloßer Passivität oder Rezeptivität zu vermeiden, sollte man lieber von *Mit*vollzug reden. Auch das von außen angeregte oder geleitete Problembewußtsein kann letztlich nur eine Selbsttätigkeit, ein Selbstdenken sein; in der transzendentalphilosophischen Sprache Kants: „Das: *Ich denke*, muß alle meine Vorstellungen begleiten *können*" (Kritik der reinen Vernunft, B 131f.). Nicht nur für das Problemfinden, sondern auch für das Problemlösen sollte man von einer *Antithese* von Nachvollzug und Selbstdenken abrücken. Aebli selber unterscheidet zwischen einem spontanen, ungeleiteten, selbständigen, autonomen Denken oder Problemlösen einerseits und einem abhängigen, geleiteten andererseits (S. 360f.). Die Forderung nach ungeleitetem Denken stellt er in den „Umkreis aufklärerischer (Rousseau, Herbart), gesellschaftskritischer (Freud, Adler) und emanzipatorischer (Hume, Lewin, Piaget) Bestrebungen" (S. 360). Leitend sei dabei Rousseaus „Dichotomie von Natur und Kultur, von Wachsen und Bilden, von spontaner Entwicklung und geleitetem Lernen" (S. 360f.). Erziehung jedoch habe die Aufgabe, „Anleitung und Stützung" beim Lernen zu geben, etwa durch Erklären, Erzählen und Referieren, das genauso wie beim Lesen eines Buches oder Zuhören eines Vortrags zum Mitvollziehen eines Gedankenganges anregen solle (S. 361). Das „Mitdenken, das Nachvollziehen von kognitiven Prozessen" gehe von der Hoffnung aus, „daß der Lernende im Nachvollzug zu einer Struktur von ähnlicher Güte gelangt, wie wenn er sie selbständig entwickelt hätte" (S. 362).

Aebli schlägt vier Gruppen von Maßnahmen vor, mit deren Hilfe die Hoffnung realisiert werden kann, daß der Nachvollzug ein Mitvollzug wird:

(1) „*Abruf* der geeigneten Elemente aus dem Verhaltensrepertoire" (S. 363), entweder direkt durch Angabe eines bestimmten Elementes einer Lösung oder indirekt nach dem „Prinzip der minimalen Hilfe" durch Angabe des ungefähren Bereichs, in dem die Lösung zu suchen ist. Unbekanntes wird auf Bekanntes, bereits Gewußtes oder Gelerntes zurückgeführt. Als Beispiel für den direkten Abruf im Bereich der Philosophie kann man sich etwa denken: „Beantworte die Frage aus Platons ›Kriton‹, ob Sokrates fliehen soll oder nicht, mit Hilfe des praktischen Syllogismus" (der als bekannt vorausgesetzt oder bei dieser Gelegenheit noch einmal wiederholt wird; vgl. Golecki 1979). Ein Beispiel für den indirekten Abruf wäre die Aufforderung: „Denke bei der Frage, ob Sokrates fliehen soll oder nicht, zunächst daran, nach welchen Gesichtspunkten man überhaupt Entscheidungen fällt." Dabei sollen sich die Schüler an die Schriftfolge des prakti-

schen Syllogismus erinnern. Wieweit man beim indirekten wie direkten Abruf auf ein explizites Lernen oder allgemeines, alltägliches Vorverständnis oder Vorwissen zurückgreifen kann oder soll, ist im einzelnen jeweils neu zu entscheiden.

(2) „Eine zweite Gruppe von Hilfen leitet den Lernenden zur geeigneten *Gruppierung* der Daten an" (S. 364). Im vorliegenden Beispiel könnte man mehrere Fälle eines praktischen Syllogismus nebeneinanderstellen bzw. aufschreiben und nach Gemeinsamkeiten suchen lassen (Man soll Freunde nicht in Gefahr bringen. Wenn Sokrates flieht, bringt er Freunde in Gefahr. Also soll er nicht fliehen). Ist die Unterscheidung zwischen normativen und deskriptiven Sätzen noch nicht bekannt, kann man diese durch Gruppierung entsprechender Beispielssätze in einem Zwischenschritt erarbeiten lassen. Hat man die Struktur des praktischen Syllogismus gefunden, kann man sie durch eine Gruppierungsaufgabe vom („theoretischen" oder „deskriptiven") Syllogismus abgrenzen lassen. Bei allen drei Einzelgruppierungen (normative und deskriptive Sätze; Struktur des praktischen Syllogismus; praktischer und theoretischer Syllogismus) muß der Lehrer die Gesamtgruppierung sichern. Die Sicherung darf nicht nur implizit geschehen, sondern muß spätestens in einer „Arbeitsrückschau" vom Schüler bewußt realisiert werden. Beim Protokollieren von Philosophieunterricht durch Schüler, so könnte man Aeblis Forderung unterstreichen, wird oft deutlich, wie wenig man sich auf eine nur implizite Gruppierung oder Strukturierung des Unterrichts verlassen kann oder daß sie überhaupt nicht vorlag.

(3) Der Strukturierung des Denkens sollten Maßnahmen folgen, die ihre *„Beweglichkeit"* fördern (S. 365). Sonst besteht die Gefahr, daß man die erarbeitete Struktur „mit den besonderen Bedingungen des Inhalts, der Perspektive und der Abfolge verbindet, unter denen es gebildet worden ist" (S. 365). Man bleibt dann, wie man auch sagen könnte, „am Beispiel kleben". Zur Entscheidungssituation aus dem ›Kriton‹ etwa könnte man einen anderen Fall inhaltlich durchsprechen; ferner denselben Fall in einem Methodenwechsel nicht in streng logischer, sondern eher in emotionaler Weise diskutieren („Sokrates ist alt genug und soll lieber sterben als eine ungewisse Zukunft auf sich nehmen"; „Sokrates verhält sich feige und gehorcht zudem einem ungerechten Urteil, wenn er nicht flieht"); schließlich kann man die Struktur des praktischen Syllogismus auch in einer anderen Abfolge erarbeiten lassen, indem man umgekehrt von der Entscheidungssituation ausgeht (Welche Handlung ist geboten? Welche Folgen ergeben sich? Welche Folgen sind erwünscht/erlaubt?). Die drei genannten Maßnahmen, die der Beweglichkeit der erarbeiteten Denkstrukturierung dienen sollen, nennt Aebli auch „das *Durcharbeiten* der Operationen und Begriffe" (S. 366).

(4) Auf die genannten drei Schritte des Abrufs, der Gruppierung und der Beweglichkeit muß nach Aebli die Phase der „*Konsolidierung*“ folgen. Nur so kann man sich das erarbeitete Produkt wirklich zueigen machen. „Der denkende Mensch vergißt bekanntlich seine eigenen guten Ideen, wenn er sie sich nicht einprägt. Strukturaufbau ist nicht genug. Er wird erst wirksam, wenn die aufgebauten Strukturen konsolidiert sind“ (S. 366). Aebli geht nicht näher auf die verschiedenen Regeln und Möglichkeiten der Ergebnissicherung ein. Gerade ein Philosophieunterricht, der von der Idee des Selbstdenkens und des nicht fixierbaren, abfragbaren Gedankens bewegt wird, muß besonders auf das Festhalten von Zwischenergebnissen, Markierungspunkten oder Arbeitshypothesen achten.

Aebli fügt den vier Maßnahmen zur Anleitung des Denkens noch zusätzlich die *Anwendungs*-Phase hinzu (S. 366). Sie ist zum Teil auch bereits in den vorhergehenden Maßnahmen enthalten, sollte jedoch als eigener Punkt hervorgehoben werden. Die Anwendung oder der Transfer sichert nicht nur die richtige Verfügbarkeit, sondern verbessert auch die gefundene Struktur.

Mit der Kategorie des Mitdenkens oder Mitvollzugs ist sicher eine Vermittlung zwischen Selbstdenken und Nachvollzug, verstanden als extreme Subjekt- und Objektbezüge, beschrieben. Selbstdenken als totale Spontaneität oder Originalität muß man nicht nur aus dem diskutierten lernpsychologisch-transzendentalphilosophischen Grund einschränken (Denken ist *immer* Selbstdenken, Verstehen; Selbstdenken ist daher eine triviale Forderung), sondern auch aus zeitökonomischen Gründen (Ersparen von unnötigen Irrwegen, Umwegen durch Bezug auf bereits vorliegende Überlegungen und Ergebnisse), aus „Begabungsgründen“ (nicht jeder verfügt über die gleichen Denkmöglichkeiten wie die „großen Denker“). Der entscheidende Grund aber ist die Dialog-Tradition, in der wir uns mit unserem Sprechen und Denken immer schon bewegen (keiner fängt beim Nullpunkt an, sondern lernt eine bestimmte, historisch geprägte Denk- und Sprechweise).

Mit den genannten Gründen scheint die Konstituierungsthese von der Subjekt- nun eher zur Objektseite umzuschlagen und sich doch wieder der Abbilddidaktik zu nähern. Trotz der Subjektbezogenheit der Philosophie und jedes Denkprozesses scheint das Moment des Objektiven zu überwiegen. Dennoch ist eine stärkere Akzentuierung der Subjektseite in der Vermittlung erforderlich, verstanden als Eingehen auf die Motive der Beteiligten, als möglichst eigenständiger, wenn auch angeleiteter Denkprozeß sowie als kritische Auseinandersetzung oder prüfendes Durch-Sprechen (Dia-log). Dafür sprechen nicht nur die diskutierten erkenntnistheoretischen, lernpsychologischen und pädagogischen Gründe, sondern auch moralisch-praktische. Geht man nämlich davon aus, daß jedermann nicht nur – in der Kantschen Formulierung – Mittel, sondern auch Selbstzweck, Person sein soll, muß er zu vernünftiger Selbstbestimmung befähigt und ermutigt werden. Versteht man das „sapere aude“, den „Mut, sich seines eigenen Verstandes zu bedienen“, nicht in der überzogenen Forderung *total* autonomen Selbstdenkens im Sinne einer sich selbst mißverstehenden Aufklärung, muß man bei der konkreten, praktischen Vermittlung von Selbstdenken und Nachvollzug möglichst die Subjektseite zu stärken versuchen. Dies ist zuletzt auch eine gesellschaftlich-politische Forderung.

Die lernpsychologischen Vorschläge Aeblis lassen sich als Spiralbewegung der drei Dialogmomente offenes Unterrichtsgespräch, Anhören eines Dialogpartners (Text, Referat) und Aufgreifen eines Dialogangebotes anordnen (Martens 1979, S. 140–147; vgl. Rehfus 1980, S. 181–190; Raupach-Strey 1977). Sie ergänzen die von Heckmann (1981) in der Tradition Leonard Nelsons praktizierte und beschriebene Methode des Selbstdenkens im „sokratischen Gespräch“ durch den notwendigen Nachvollzug und durch Strukturierungshilfen des Lehr-Lernprozesses. Dadurch wird ein dialog- und problemorientiertes Philosophieren auch den institutionellen Erfordernissen des (gymnasialen) Philosophieunterrichts eher gerecht. Die Methode des „sokratischen Gesprächs“ wäre freilich noch nach einigen Hinsichten näher zu untersuchen: Welche Rolle spielen neben den rationalen auch irrationale Momente (vgl. Kambartel 1979; Krecher 1929, S. 10f.)? Wie lassen sich Textarbeit und Selbstdenken methodisch aufeinander beziehen (vgl. Schnädelbach 1981)? Inwiefern trägt die Klärung des Vorverständnisses über das Aufdecken möglicher Anknüpfungspunkte hinaus („Den Schüler dort abholen, wo er sich befindet, um ihn weiterzubringen“) und zusätzlich zu Motivationshilfen (Aporie und Wissenwollen durch Konfrontation mit den unvollkommenen, widersprüchlichen eigenen Auffassungen und den unterschiedlichen Auffassungen der anderen) auch etwas zur Einsicht in die Sache selbst bei? Gibt es eine Sprachbarriere von Umgangs- und Wissenschafts- bzw. „Philosophen“-Sprache und wie läßt sie sich vermeiden oder überwinden? Welchen Anteil hat dabei das bildungssprachliche Vorverständnis der Schüler als Gemisch aus beiden Sprachformen (als „abgesunkenes Kulturgut“ aus dem Elternhaus und Privatlektüre, aus den anderen Fächern)? Wie gehen „Laien“, die Schüler (auch die Lehrer *als* Nicht-Fachleute) und „Experten“ mit philosophischen Problemen um (vgl. v. Ferber 1979; Harenburg/Seeliger 1979)? Wie verhält sich die begrifflich-diskursive Methode des sokratischen „Rechenschaftgebens“ zu anderen Methoden der Philosophie und ihres Lehrens und Lernens, etwa zur Meditation, zur Körper- und Bildersprache, zum Rollenspiel (Nordhofen 1981)?

Die aufgezählten Fragen zur Methode des Philosophieunterrichts können sicher noch fortgesetzt werden (vgl. auch Püllen 1958, S. 86ff., S. 208ff.; Vogel/Stiegler 1980 unter „Methode"). Sie bedürften im einzelnen gründlicher systematischer und unterrichtspraktischer Untersuchungen. Hier ist uns die amerikanische Forschung zweifellos voraus (vgl. Bynum/Reisberg 1977). Vor allem wären die methodischen Maßnahmen nach ihrem Erfolg, als Mittel für die jeweiligen Zielsetzungen des Philosophieunterrichts zu prüfen, etwa bei den Klausuren und Abiturarbeiten in Philosophieunterricht (Renda 1981, S. 174–207) oder bei der „laufenden Kursarbeit" (Mündliches; Protokolle; Heftführung; Referate etc.), nicht zuletzt aber auch im Hinblick auf die Examina an der Hochschule. Wie läßt sich etwa selbständiges Denken, Werten und Handeln überprüfen (Krathwohl/Bloom/Masia 1975)? Man kann es weder in einzelne, kontrollierbare Wissensstücke zerteilen noch schließt es (Selbst-)Täuschungsmöglichkeiten aus. Auch sind die Lernziele des Philosophieunterrichts oft viel zu vage, als daß sie einer gerechten Überprüfung standhielten, und enthalten nicht selten höchst metaphysische, unklare Voraussetzungen. So ging etwa noch 1968 Raasch vom Lernziel „geistiges Menschsein" als einer „metaphysisch und weltanschaulich bezogenen Lernhaltung" aus (S. 10, S. 117f.) und versuchte, diese Lernhaltung durch eine empirische Erhebung eines äußerlichen Bildungswissens von philosophischen Systemen, biographischen Daten oder Geistesepochen zu überprüfen (S. 59ff.). Leichter läßt sich dagegen das in den USA beliebte "critical thinking" untersuchen (siehe oben S. 7).

4. Problem- und Lernort

Für die konkrete Lerngruppe, die wirklich problem- und dialogorientiert zu philosophieren versucht, stellt sich die strategische Erfolgsfrage des Außenbeobachters nicht. Die Gruppe weiß selber, was sie weiß und nicht weiß, in Form eines praktischen Wissens. Sie weiß, was, wie und wozu sie etwas gelernt oder nicht gelernt hat. Die einzelnen in der Gruppe kennen sich, sie haben die Fragen gestellt, die wirklich ihre Fragen sind, und haben die Antworten gegeben, die sie selber vertreten können. Sie haben voneinander gelernt, auch im Gespräch mit weiteren Gesprächspartnern aus der Tradition und aus der Fachwissenschaft. Natürlich kann man einen derartigen Lernerfolg nur dann erreichen, wenn theoretisches Wissen und praktisches Können, Lern- und Problemort weitgehend zusammenfallen. Ein Beispiel aus der philosophischen Tradition kann diesen Zusammenhang verdeutlichen. Im platonischen Frühdialog ›Laches‹ etwa, dem klassischen Dialog über die Erziehung, überlegen Väter, wie sie ihre Söhne am besten erziehen können, und ziehen Berater hinzu, schließlich auch Sokrates. Sie reden über ein Problem, das sie selber haben, in ihrem eigenen Erfahrungsbereich. Das schließt nicht aus, daß sie im gemeinsamen Dialog mit Sokrates ihre Problemsicht ändern, weiterdenken und lernen müssen. Nicht mehr die Fechtkunst als Mittel zu einem fraglosen Zweck, sondern die Tapferkeit als Erziehungsziel stellt sich als ihr wirkliches Problem heraus, das sie zunächst gar nicht hatten. Sie lernen, wonach sie fragen müssen und wie sie es können. Darin liegt der Erfolg ihrer Aporie, aber auch in dem Beschluß, der Frage weiter nachzugehen. Ihr Wissen vollzieht sich als praktischer Aufklärungsprozeß.

Am ›Laches‹ kann man sehen, daß sich die Einheit von Problem- und Lernort in einem spannungsreichen Prozeß vollzieht, der durch den institutionellen Ort der Schule noch verschärft wird. Der Lernort Schule – aber auch die Hochschule – bringt einige institutionelle Rahmenbedingungen mit sich, die eher Nachvollzug als Selbstdenken fördern. Im Unterschied zur freien „Muße" der Philosophen etwa in Platons ›Theätet‹ (172 c ff.) steht der (gymnasiale) Philosophieunterricht unter mannigfaltigen Zwängen: Die Schüler lassen sich kaum freiwillig auf einen freien Dialog ein (außer in freien Arbeitsgemeinschaften); Ort und Zeit sind vorgegeben; der Lehrplan bestimmt die Themen mehr oder weniger stark; im Unterricht muß auch überprüfbares Wissen gelehrt und gelernt werden; die Vielfalt der Meinungen der vielen Schüler findet nur mühsam Klärung in gemeinsamer Wahrheitssuche; die Rollendifferenz von Lehrer und Schüler ist stärker, als der Informations- und Reflexionsvorsprung des Lehrers notwendig macht; der Lehrer ist in seiner Ausbildung vom Lernort des Philosophischen Seminars her weitgehend von einer Praxis der Abbilddidaktik geprägt, die auch die positivistische Lehr- und Lernpraxis der einzelnen Unterrichtsfächer durchzieht und dem „verschulten" Denken der Schüler entgegenkommt, das weitgehend vom gesellschaftlich bedingten Verwertungswissen geprägt ist. Insgesamt gleicht der Lernort Schule eher der von Platon beschriebenen Unfreiheit der Gerichtsredner, nicht der *„Muße"* oder σχολή, die mit „Schule" nur etymologische Gemeinsamkeit hat und inhaltlich pervertiert ist zum Ort, „wo man hin *muß*". Der Lehrer, der nicht Dompteur sein will, verfällt oft genug in die Rolle eines Animateurs, der seinen Schülern den Stoff mundgerecht macht und versüßt, um sie doch noch zum gewünschten Ziel hinzubekommen. In dem Rollenpaar Dompteur-Animateur kehrt die mehrfach diskutierte Antithese von Nachvollzug und Selbstdenken wieder, die es gerade zu überwinden gilt, ohne die institutionellen Zwänge naiv zu leugnen.

Die Trennung von Problem- und Lernort, Selbstdenken und Nachvollzug ist auch durch das szientistische Wissensmodell der Pädagogik (und

Didaktik) mit bedingt (deren Ausdruck es andererseits ist). Die Wende ›Von der Pädagogik zur Erziehungswissenschaft‹, die Brezinka in seinem programmatischen Buchtitel (1971) als Sieg des (neuzeitlichen) Wissenschaftsmodells bewertet, gleicht eher einem Pyrrhussieg: der Triumph exakten, überprüfbaren Wissens wird mit dem Verlust der Rationalität alltäglichen Handelns erkauft. Das Alltagswissen und Alltagshandeln gilt als ungenau, unberechenbar, eben als unvernünftig. Das szientistische Wissensmodell der Pädagogik und Didaktik ist besonders für die Ausbildungspraxis der Lehrer und ihre Unterrichtspraxis folgenreich. Eine Erziehungswissenschaft, die endlich die bloße Kunstlehre unterrichtlichen Handelns zu überwinden trachtet, versagt gegenüber der „Schmuddeligkeit" pädagogischer (und jeder) Praxis, die sich keinen eindeutigen Regeln, Planungsschemata oder Argumentationsmustern fügt, sondern stets auch Phantasie, Urteilsfähigkeit sowie emotionales Engagement der Handelnden in der konkreten „didaktischen Situation" verlangt. Die nicht-szientistische Rationalität unterrichtlichen Handelns hat Heintel in seinem Buch ›Modellbildung in der Fachdidaktik‹ (1978) geltend gemacht. Heintel begründet gleichsam eine kopernikanische Wende in der Didaktik und Pädagogik insgesamt. Analog zu Kants erkenntniskritischem Ansatz könnte man bei Heintel von einem dazu konsequenten praxiskritischen Ansatz sprechen. Wie die Gegenstände der Erkenntnis nicht vorgegeben, sondern durch das Subjekt mit konstituiert sind, so liegen auch die Gegenstände und Regeln pädagogischen Handelns nicht einfach in einem Ideenhimmel vor, sondern sie sind mit-abhängig von der Lehr-Lern- und Handlungsgemeinschaft: „Jedes Wissen, jede Theorie usw. sind als Resultat menschheitsgeschichtlicher Lehr- und Lernprozesse verallgemeinertes System von Primärbedürfnissen und sozialen Situationen" (S. 125). Rationalität ist eine Form von Weltbewältigung und Bedürfnisbefriedigung und muß als solche von den lernenden Subjekten wiedererkannt werden können, zugleich mit der Möglichkeit der Weiterentwicklung. Der Konstituierungsvorgang ist somit ein dialektischer Prozeß des Lehrens und Lernens. Eine Objekt-Widerspiegelung würde dagegen Didaktik auf eine Verpackungstechnik vorgegebener Fachprodukte reduzieren (S. 14ff.), eine Subjekt-Widerspiegelung die konkrete Lehr-Lernsituation von den bereits erarbeiteten Lerninhalten anderer isolieren (S. 16ff.). Hier wäre Heintels Ansatz mit dem dialogischen, nicht-instrumentellen Pragmatismus Peirces und Meads in Beziehung zu setzen (Martens 1979). Wenn nun nach Heintel „Objekterkenntnis zugleich Subjekterkenntnis" ist (S. 36), sind zwei Lernbegriffe zu unterscheiden: Lernen von Fachwissen und „praktisches Lernen", „das Einstellungen und Haltungen vermittelt, die in die Lage versetzen, mit sozialen und institutionellen Voraussetzungen fertig zu werden" (S. 60). Das praktische Lernen sei weder bloß theoretisch durch Psychologie, Unterrichtslehre oder pädagogische Institutionenlehre noch in künstlichen Praktikasituationen zu vollziehen (S. 59f.). Auf die konkrete „didaktische Situation“ könne letztlich nur ein gruppendynamisches Verhaltenstraining vorbereiten, das „auch ein Lernen über sich selbst“ sei (S. 60). Theoretisches Hilfswissen könne Verhaltensfähigkeit nicht ersetzen. Von einer bloßen Unterrichtslehre unterscheidet sich Heintels Ansatz dadurch, daß er das praktische Können weder in unausgewiesene Praxis-Tips faßt noch auf ein pädagogisches Naturtalent zurückführt, sondern in der Lehrerausbildung durch praktische Übungen vermitteln möchte (S. 97ff.). Indem Heintel die konkrete Unterrichtspraxis nicht einem subsumierenden „wissenschaftlichen“ Schema unterwirft, respektiert er Individuum als „Anfangspunkt von Handlung“ (S. 73), das in seinen Emotionen, Vorlieben und Interessen nicht bloßer „Störfaktor“ vorweg bestimmender Planungsrationalität sein dürfe. Einem Subjektivismus beugt Heintel durch den Begriff der „Systemfreiheit“ vor, „die ein System miteinanderlebender Menschen für sich beansprucht, inhaltlich auslegt und gestaltet“ (S. 78). Er zeigt, wie Unterrichtsmedien und -planungen diese Systemfreiheit behindern können, die sich andererseits nicht von außen durch Sozialtechniken verordnen lassen, zudem vom „didaktischen Umfeld“ der Institution Schule mit ihren Lehrplänen und Überprüfungsanforderungen mitabhänge. Heintel unterzieht von seinem Ansatz her die gängigen Didaktik-Modelle einer scharfen Kritik, da sie insgesamt unterrichtliches Handeln mehr oder weniger nach einem szientistischen Planungsschema zurichten wollen (S. 132ff.).

„Bedauerlicherweise stehen wir erst am Beginn, Didaktik auf diese Weise zu verstehen und vor allem in Ausbildung und Lehrtätigkeit auch dementsprechend praktisch zu organisieren, d. h. wirklich werden zu lassen“ (S. 131). Dieser Feststellung Heintels ist voll zuzustimmen. Das von Heintel geforderte „soziale Lernen“ würde jedoch auch Veränderungen für das inhaltliche Lernen nach sich ziehen. So wäre etwa für den Lernort Philosophie an der Universität zu fragen, ob Methoden und Inhalte eher den Interessen und Zielen der "scientific comunity", der institutionalisierten Forschergemeinschaft oder den Studenten (und ihren späteren Schülern), eher dem „Schulbegriff“ von Philosophie oder dem „Weltbegriff“ entsprechen. Der „subjektive Faktor“, das Forschungsinteresse der Lehrenden, wird in der Regel unter dem Schleier der Objektivität der „Sache selbst“ verdeckt. Dadurch verweigern sie den Lernenden nicht nur den eigenen „subjektiven Faktor“, sondern auch die „Sache selbst“. Die Lernenden müssen häufig einen doppelten Bruch vollziehen: beim Wechsel vom Lernort des Alltags auf den Lernort Schule müssen die Studenten ihre alltagspraktischen Motivationen vergessen und sich der „Expertenkultur“ anpassen, um dann am

Lernort Schule mit dem Desinteresse der Schüler an einer derartig zugerichteten Philosophie konfrontiert zu werden. Nun könnte man diesen doppelten Bruch nach dem platonischen Höhlengleichnis durchaus als notwendige Bewegung von „Aufstieg“ und „Abstieg“ verstehen, wenn man jedenfalls nicht von einer Zweiweltenlehre, sondern von einem höchst spannungsreichen gemeinsamen Lehr-Lernprozeß ausgeht. Auch gilt der doppelte Bruch nicht durchweg für jeden Lernort am Philosophischen Seminar. Dennoch trifft etwa Abraham Kaplans Beschreibung des Bruches Ende der sechziger Jahre auch für unsere Situation noch weitgehend zu: "Students of philosophy enter their training with most admirable philosophical motives. They come with intellectual curiosity, puzzled about the foundations of science, disturbed by religious questions, agonized over politics, captivated by literature and art. All that nonsense is knocked out of them" (1977, S. 10; vgl. Baumgartner/Höffe/Wild 1974; Martens 1980; Blankenburg 1980).

V. KONTINGENTE LERNGESCHICHTEN

1. Zur Lerngeschichte des Lehrers

Mit meinem Unterrichtsbeispiel „Jugendrevolte heute und die Sinnfrage" möchte ich kein übertragbares Modell und kein Schema empfehlen, sondern die Möglichkeiten und Grenzen einer konstitutiven Philosophie-Didaktik aus meiner eigenen Unterrichtspraxis heraus schildern und einige – durchaus kontingente – Lerngeschichten erzählen. Unter dem verstärkten Druck meines Über-Ichs als Fachdidaktiker konnte ich die Abwehrmechanismen der Didaktik-Praxis gegenüber der Didaktik-Theorie am eigenen Leibe erfahren, vor allem die Gefahr, sich in den „anspruchsvoll reflektierenden ‚Sonntags-Pädagogen' und den handelnden ‚Alltags-Pauker'" aufzuspalten (von Engelhardt 1979, S. 91). Ich unterrichte seit einigen Jahren neben meiner Tätigkeit als Hochschullehrer für Didaktik der Philosophie an einem Hamburger Gymnasium das Unterrichtsfach Philosophie. In dieser Zeit erlebte ich, wie sich die von mir gelernte akademische Philosophie (Platon, und möglichst im Urtext) und die von mir gelehrte theoretische Didaktik (die als Fachdidaktik in Anpassung an die klassischen Universitätsfächer zunächst nicht theoretisch genug sein konnte) durch meine praktizierte Philosophie im Lehr-Lernprozeß mit Schülern allmählich veränderte. An der Universität ist der Hochschullehrer einem derartigen Lehr-Lernprozeß weniger ausgesetzt, weil ihn die Institution Wissenschaft in seiner Rolle als akademischer Lehrer weitgehend schützt. Die Studentenunruhen Ende der sechziger Jahre waren nur eine kurze Ausnahmeerscheinung der Verunsicherung.

Bei der Motivationsfrage denkt man in der Regel nur an die Schüler, die es zu einem bestimmten Lernstoff zu „bewegen" gelte. Die Motivation, das Interesse der Lehrer bleibt dabei oft ungeprüfte Voraussetzung (Heintel 1980). Der Lehrer versteht sich in der Regel als Vollstrecker eines vorgegebenen Lehrplanes oder einer Philosophie, wie er sie am Philosophischen Seminar gelernt und erlebt hat. Bei der Aufarbeitung seiner Motivationsbiographie könnte der Lehrer jedoch von der Kontingenz seiner eigenen Lerngeschichte her auch die Kontingenz der gemeinsamen Lehr-Lerngeschichte mit seinen Schülern besser wahrnehmen und verhindern, „daß das Lernschicksal der Lehrer notwendig zum Lernschicksal der Schüler" wird (von Hentig 1973, S. 196). Zwar kann der Lehrer ohne Selbsttäuschung seine eigene Lerngeschichte nie völlig ausklammern und sich auf die neutrale Weitergabe von Inhalten beschränken, aber er kann aus dem blinden Lernschicksal eine bewußte Lerngeschichte werden lassen. Die Erfahrung, daß philosophische Inhalte immer schon didaktisch geprägt sind, ergibt sich am ehesten an den Bruchstellen verschiedener Lernorte und Lerngeschichten. Diese Erfahrung sollte nicht (kausales) Erklären philosophischer Aussagen und Auffassungen an die Stelle ihres (argumentativen) Begründens setzen, sondern lediglich eine (nie völlig abzuschließende) Selbstaufklärung der ungeprüften Vorannahmen der Lehrenden in Gang setzen. Die Aufarbeitung der jeweiligen Lerngeschichte sollte zur Lehrerausbildung gehören, findet jedoch wegen der hierfür notwendigen Offenheit an den institutionellen Bedingungen schnell ihre Grenzen. Überhaupt dürfte es schwierig sein, seine eigene, meistens implizite „Lebensphilosophie" auf den Begriff zu bringen und in ihrer didaktischen Genese aufzudecken. Das explizite Lernen von „akademischer" Philosophie läßt sich dagegen ohne große Mühen rekonstruieren.

Wenn auch „Selbstportraits" eher großen Philosophen vorbehalten sind, möchte ich dennoch von meinem „Lernschicksal" als Vor-Geschichte zu meinem Unterrichtsbeispiel berichten. Geschichtenerzählen ist ja unterdessen sogar auch wissenschaftlich legitimiert (Marquard/Stierle 1979, S. 655–717). Mit Philosophie kam ich als Schüler nicht in einem eigenen Fachunterricht, sondern vor allem im Deutschunterricht in Berührung. In die griechische Philosophie führte uns der Griechischlehrer kurz vor dem Abitur mit einem Kurzüberblick und Tafelskizzen ein, um *sich* eine Blamage vor dem Schulrat im Mündlichen zu ersparen. Die „Prävalenz idealer Entitäten" war für uns Altsprachler leicht zu übersetzen, wurde aber von uns nicht als Quintessenz der platonischen Ideenlehre verstanden, sondern eher als Pausenwitz gehandelt. Auch die Tafelzeichnung und die Erläuterungen zum Höhlengleichnis machten kaum einen bildenden Eindruck auf uns. Wir fanden das Ganze eher komisch. Überhaupt war ich vom Bildungswert der alten Sprachen wenig überzeugt, wie ich in meinem „Bildungsbericht", den wir Abiturienten 1963 schreiben mußten, nachlesen kann: „Wohl bin ich von dem Bildungswert des Griechischen und Lateinischen für den Intellekt überzeugt, doch kann ich nicht spüren, daß ich tatsächlich im Griechisch- und Lateinunterricht zu ‚Menschlichkeit' erzogen wurde. Viel eher möchte ich dieses Verdienst dem Religions- und Deutschunterricht zuschreiben." Bei aller Fülle der von mir oft bloß angelesenen Bildungsinhalte kommt Philosophie in meinem „Bildungsbericht" nicht vor, erst recht nicht Platon. Die Verdrängung der Philosophie mag von der starken Stellung abhängen, die Religion als tragende Weltanschauung am von mir besuchten konfessionellen, von Jesuiten geleiteten Gymnasium einnahm. So fand ich zwar die Zusammenhänge zwischen Philosophie und Literatur, etwa in der Deutschen Klassik oder bei Sartre, interessant, habe sie aber von meiner christlichen „Lebensphilosophie" her nicht weiter ernstgenommen; Platon dagegen war für uns nur ein langweiliger, verstaubter Prüfungsstoff. Nach einem kurzen Zwischenspiel als Theologiestudent, das mir den Dogmatismus *jeder* fixierten Weltanschauung endgültig austrieb, studierte ich ausgerechnet Latein und Griechisch, als Mittel zum Zweck des Philosophiestudiums; und ausgerechnet an Platons Philosophie entzündete sich mein Interesse. Aus der Rückschau heraus hatte ich das Bedürfnis nach einer existenziellen Neuorientierung durch eigenes Denken. Ich war vom radikalen Weiterdenken eines Sokrates fasziniert, wie es mir in der Gestalt meines Lehrers Carl Friedrich von Weizsäcker begegnete. Platon wurde für mich durch ihn ein wirkliches Bildungserlebnis. Allerdings blieb ich zunächst im bloßen Nachvollzug von Platons Dialogen stecken und traute mir, geprägt durch meine Schul-Bildung, kein Selbstdenken zu. In einem Referat „Über den Begriff der Tapferkeit im 4. Buch des ›Staates‹" für mein erstes Proseminar in Philosophie, das von Weizsäkker zu „Platon, Laches (am griech. Text)" im Sommersemester 1964 an der Universität Hamburg abhielt, habe ich ausgerechnet *die* Stelle wieder weggestrichen, die mir heute am ehesten von Selbstdenken und kritischer Beurteilung zu zeugen scheint: „Man gerät in Schwierigkeiten, wenn man das Bild von der Dreiteilung der Seele zu wörtlich interpretiert ... Denn wie soll ein direktes Erkennen dessen, ‚was zu fürchten ist und was nicht', dem Menschen überhaupt möglich sein, da er ja nie als Vernunft-Teil allein erkennt – als Noumenon in Kantischer Terminologie –, sondern immer nur als ein zusammengesetzes Wesen, als Noumenon und Phainomenon? Muß man nicht annehmen, daß der Mensch von vornherein nur eine Meinung hat, die – aus welchen Gründen auch immer – richtig sein mag?" Ich hatte gerade Kants ›Kritik der reinen Vernunft‹ gelesen, wagte aber nicht, den einen „großen Philosophen" gegen den anderen auszuspielen oder gar selbst zu denken und begnügte mich mit einem Text-Referat. Sicher kann geduldiges Zuhören oder genaues Lesen das eigene Denken erleichtern und schärfen, es kann aber auch zur Passivität und Mutlosigkeit führen, sich seines eigenen Verstandes zu bedienen.

Im Laufe meiner eigenen Unterrichtspraxis im Philosophieunterricht als Studienrat, als Wissenschaftlicher Assistent für Philosophie an einer Pädagogischen Hochschule und schließlich wieder als Unterrichtsbeauftragter an der Schule habe ich den Akzent immer stärker auf die Interessen und das Selbstdenken der Lernenden verlagert, nachdem ich lange Zeit hindurch eher mein eigenes, nicht durchschautes „Lernschicksal" zu wiederholen versucht hatte. Meine gelernte, vornehmlich hermeneutisch ausgerichtete

Philosophie als Interpretation „großer Philosophen“ ungebrochen an die Schüler und Studenten weiterzugeben, hinderte mich allerdings zunächst der Widerstand der Lernenden selbst. In meinem ersten Philosophiekurs an der Schule nahm ich als erstes Platons ›Laches‹ durch – schließlich hatte ich ja selber damit so gut angefangen. Die Schüler einer 11. Klasse konnten jedoch mit dem Dialog in seinem altertümlichen Schleiermacher-Deutsch und seiner begrifflichen Puzzlearbeit wenig anfangen, schon gar nicht mit dem Thema „Tapferkeit“, und zeigten sich entsprechend „uninteressiert und undiszipliniert“. (Unterdessen habe ich schon mehrfach mit Schülern Platon gelesen, etwa den ›Kriton‹. Vielleicht werde ich auch bald einen Kurs ›Einführung in die griechische Philosophie‹ geben.) Einen weiteren Einbruch meines eigenen „Lernschicksals“ erlebte ich beispielsweise an der Pädagogischen Hochschule, als ich mit Studenten im Rahmen ihres Grundfächerstudiums (in dem Philosophie frei wählbar ist) die von den Konstruktivisten entwickelten „Regeln des rationalen Argumentierens“ behandeln wollte. Als eine Gruppe von Studenten sich gerade für die von den Konstruktivisten als bloß psychologisches, nicht zur Sache gehörendes Randproblem der „Gutwilligkeit“ interessierte (vgl. Martens 1979, S. 42–45), zog ich mein Konzept gegen ihren Widerstand dennoch durch, zusätzlich verärgert über das ständige Einfordern konkreter pädagogischer Beispiele und Verwertbarkeit. Verärgert aber waren auch die Studenten, und zwar, wie ich heute besser sehe, völlig zu Recht. Sie hatten nicht nur das auch in der gegenwärtigen Fachdiskussion zunehmend stärker behandelte systematische Problem geahnt, wie Rationalität und Emotionalität oder Irrationalität zusammenhängen, sondern zu Recht darauf bestanden, daß ich meine „Expertenkultur“ mit ihrer „Alltagspraxis“ vermitteln solle (vgl. Habermas 1981, Bd. 2, S. 482ff.). Allmählich erinnerte ich mich aufgrund derartiger Einbrüche wieder an meinen eigenen Lernbeginn mit dem sokratischen Weiterdenken. Trotz besserer Einsicht, aber auch wegen mangelnder Erfahrung konnte ich jedoch erst in einem langen, erneuten Lernprozeß von Philosophie und Didaktik den Widerspruch von Sonntags- und Alltagsdidaktik, von eigenen Theorieansprüchen und konsequenter Durchführung verringern. Von einem, wie mir scheint, einigermaßen geglückten Vermittlungsversuch möchte ich nun berichten. Dabei weiß ich allerdings nicht genau, wie weit ich bei der Einschätzung des Versuches und seiner Darstellung Selbsttäuschungen erlegen bin und Beschönigungen vornehme. Auch möchte ich keineswegs ein Idealmodell vorführen, sondern auch meine Schwierigkeiten und offenen Fragen sowie die Kontingenz und Unabgeschlossenheit des Kursverlaufs schildern, und dies auch nur ausschnittweise.

2. Die didaktische Umgebung

Zunächst und viel nachhaltiger als mit seiner eigenen Lerngeschichte und der seiner Schüler ist der Lehrende mit der „didaktischen Umgebung“ (Heintel 1978, S. 58 ff.) vertraut, mit der Institution Schule und ihrem geheimen und offenen Lehrplan. Der geheime, inoffizielle Lehrplan wird häufig mit dem offenen, offiziellen gleichgesetzt oder entschuldigt. In Berufung auf den geheimen Lehrplan behauptet man, in der Schule müsse eben ein bestimmtes Pensum gelehrt, gelernt, abgefragt und bewertet werden; die Rolle des Lehrenden und Lernenden sei klar definiert. Gerade im Fach Philosophie läßt jedoch der offizielle Lehrplan der jeweiligen Lerngruppe einen recht großen Handlungsspielraum (vgl. die Synopse bei Renda 1981, S. 129 ff.); und selbst eine vorgeschriebene Kurssequenz mit Ziel-, Inhalts- und Methodenangaben lassen der Interpretationskunst genügend Spielraum. Der geheime Lehrplan mit klarer Rollentrennung und entsprechend rigiden Verhaltensmustern liegt somit weder in der Natur des Lehrplans noch erst recht nicht in der Natur der Philosophie, wenn man sie jedenfalls als gemeinsames, radikales Weiterdenken versteht. Dennoch steht natürlich ein Lehrer unter einem gewissen Zeit- und Effektivitätsdruck und möchte zudem, von seinem Lernort Universität und von dem ihn umgebenden Schulbetrieb geprägt, „sein Wissen an den Mann bringen“. Gelingt dies nicht, sucht man leicht die Schuld in der Lernunwilligkeit und intellektuellen Unfähigkeit oder geistigen Unreife der Schüler, nicht zuletzt stellen sich die pädagogischen Selbstzweifel ein. Gerade im Fach Philosophie sehnt man sich dann nach einer Arbeitsgemeinschaft oder einem Leistungskurs mit freiwilligen, „guten“ Schülern, mit denen man „richtig Philosophie machen kann, wie an der Uni“. Jedermannsphilosophie scheint eher eine lästige Pflicht als ein erst einzulösendes Versprechen der philosophischen Tradition oder eine Forderung radikaler Humanität zu sein.

Zwischen den Ansprüchen an „Tiefe und Breite“ (Zimmerli 1981, S. 139) fühlte auch ich mich hin- und hergezogen. Kann ich (man) „gute“ Philosophie wirklich mit „den vielen“ machen? Die Eigenschaft „gut“ steht nun aber gerade zur Diskussion. Natürlich sind die Interessen und Sprechweisen der vom Lehrer gelernten akademischen Philosophie nicht als „schlecht“ zu denunzieren, aber die dabei letztlich verhandelte Sache der Philosophie muß in einem Lehr- und Lernprozeß für und von jedermann praktiziert werden können. Dabei gibt es, je nach Lerngruppe (einschließlich Lehrer) unterschiedliche Grade des radikalen Weiterdenkens. Auch und gerade bei einer Jedermannsphilosophie kommt es darauf an, das radikale Weiterdenken anzuregen und offenzuhalten, auch in Form „dummer

Fragen" der Laien gegenüber den Experten (umgekehrt scheint dies ohnehin selbstverständlich zu sein). Im Philosophieunterricht, der sich vom geheimen Lehrplan der Wissenden befreit und auch nicht in die Versuchung des seminar-typischen Augenzwinkerns verfällt („wir wissen schon, was gemeint ist"), kann der Lehrer oft genug erfahren, daß er in fundamentalen Fragen nicht viel mehr weiß als seine Schüler – eine alte Weisheit von Sokrates bis Kant. Seine Rolle besteht dann darin, Widersprüche und Unklarheiten bei den gemeinsamen Überlegungen aufzudecken, vorläufige Positionen festzuhalten, gegeneinander abgrenzen und abklären zu lassen, Lösungsvorschläge aus der Tradition und dem gegenwärtigen Fachwissen anzubieten, zugänglich zu machen und mit den Überlegungen der Schüler zu konfrontieren. Dabei sollte der Lehrer nicht vorschnell seine eigenen Überzeugungen durch den Verstärkungseffekt seiner nie ganz zu leugnenden Lehrerrolle als die gesuchte Lösung präsentieren.

In Hamburg müssen die Schüler seit Einführung der reformierten gymnasialen Oberstufe 1972 in der einjährigen Vorstufe der Klasse 11 zwei 2stündige Grundkurse in Religion oder Philosophie belegen; in der viersemestrigen Oberstufe haben sie dieselbe Wahlpflicht und müssen bei Philosophie als drittem oder viertem Abiturfach vier Grundkurse belegen (Deicke 1979). Der Hamburger Lehrplan räumt dem jeweiligen Kurs (noch) einen nahezu unbegrenzten Spielraum ein und schreibt lediglich für die Abiturprüfung einen (inhaltlich offenen, nicht notwendig „formalen") Logik-Kurs vor. Somit steht der für die reformierte Oberstufe geforderten weitgehenden Mitbestimmung der Schüler an der Gestaltung ihres Unterrichts (Martens 1979, S. 21f.) vom offiziellen Lehrplan her kaum etwas im Wege. Um die notwendige Vermittlung von Selbstdenken und Nachvollzug zu ermöglichen, muß der Lehrer jedoch ein Dialogangebot vorbereiten, das seine Interessen und die der Schüler mit den fachlichen und gesellschaftlichen Anforderungen zu verbinden versucht. Die Alternative wäre sonst bloße Tagesaktualität oder zufällige, ungeprüfte Interessenorientierung. Als recht offenen Rahmen, der sich mit den verschiedenen Lehrplänen und vorgeschlagenen Kurssequenzen zur Philosophie gut vereinbaren läßt, habe ich mir in meiner Unterrichtspraxis für die beiden Vorsemester eine Einführung in Probleme der praktischen Philosophie (z. B. „Was heißt Glück?"; vgl. Martens 1979, S. 148ff.) und der theoretischen Philosophie (z. B. „Alltag und Wissenschaft") als erstes Kennenlernen und Praktizieren von Philosophie und als Entscheidungsgrundlage für die Oberstufe zurechtgelegt; für die vier Kurse in der Oberstufe gehe ich von den beschriebenen vier Inhaltsbereichen aus, die ich nach dem platonischen Höhlengleichnis strukturiert habe (siehe oben S. 85f.). Allerdings habe ich mein eigenes Curriculum in dieser Reinform noch nie durchführen können; weder hatte ich genau aufeinander folgende Kurse noch entsprach meine Grobplanung immer meinen eigenen Interessen und denen der Schüler. So wollte ich selber verschiedene didaktische Möglichkeiten ausprobieren und auch nicht zweimal hintereinander nach kurzer Zeit in einem neuen Einführungssemester das „Glück" versuchen oder wieder das Thema „Wissenschaft" traktieren. Und wenn ein Lehrer selber kein Interesse an einem Thema hat, kann er auch nicht seine Schüler motivieren, es sei denn, diese bewegen ihn umgekehrt zu einem bestimmten Thema.

3. Themenfindung

Gelegentlich kommen sich Lehrer-, Schüler und Fachinteresse recht weit entgegen. Mir wurde zu Beginn des Schuljahres 1981/82 von den zehn Grundkursen (und einem Leistungskurs) an unserer recht großen Schule ein Grundkurs Philosophie in einer zwölften Klasse (= 1. Semester) zugeteilt. Von den zunächst achtzehn Schülerinnen und Schülern kannte ich bereits einige aus den Vorsemestern, fünf kamen noch aus einem anderen Kurs hinzu. Von mir selber erzählte ich, daß ich an der Universität Philosophielehrer ausbilde und weiterhin gerne selber unterrichten möchte, um die Praxisprobleme nicht zu vergessen und weil es mir Spaß machte. Sicher kam mir als Universitäts-Professor an der Schule so etwas wie ein Exoten-Bonus zugute; andererseits schienen die Schüler davon nicht allzusehr beeindruckt zu sein – auch ist ein solcher Bonus schnell verspielt. In der ersten Doppelstunde nannte ich dem Kurs unsere Vorgaben: wir blieben zwei Kurse zusammen und müßten in einem der beiden Semester für die Abiturprüfung (auf die sich etwa zehn Schüler vorbereiteten) auch Logik machen; die Leistungskontrolle der zwei Klausuren und der „laufenden Kursarbeit" war bekannt. Da Logik eher schwierig und trocken zu sein schien, wollten die Schüler dieses Thema erst im nächsten Semester durchnehmen. Uns blieb also jetzt freie Hand in unserer Kursgestaltung. Da ich selber gerade wenig Zeit hatte, schlug ich von meiner Seite aus mein Unterrichtsbuch „Diskussion – Wahrheit – Handeln" (1975) vor. Die Schüler wollten aber lieber freie Diskussion haben und keinen „Deutschunterricht mit lauter Texten". Ich sah keinen zwingenden Grund, ihrer Textmüdigkeit gleich zu Beginn entgegenzutreten. Die Aufforderung, eigene Vorschläge zu machen, wurde von vielen nicht als Chance, sondern eher als Zwang und Überforderung angesehen. Nach welchen Kriterien solle man sich für Inhalte eines Faches entscheiden, das der Lehrer sowieso besser kennt; und wie könne man im Wahlpflichtfach Philosophie und bei der Punktejagd der Oberstufe schon von Eigeninteressen ausgehen? Diese Skepsis wurde aber nicht durchgehend geteilt. Einige Schüler äußerten tatsächlich einige Wünsche, Interessen und Hoffnungen für den Philosophieunterricht: der „Aussteiger“ Pestalozzi (›Nach uns die Zukunft‹, Bern 1979; Berichte im ›Stern‹ und ›Spiegel‹); Ethik und Psychoanalyse, Zukunftshoffnungen (Erich Fromm); Sekten und Drogen; Erziehungsziele; Gewaltfrage; Pazifismus; entfremdete Arbeit; Motivation. Die verschiedenen Themenvorschläge wurden erläutert, angegriffen und unterstützt. Ich gab als Hausaufgabe auf, sich noch weitere Themen zu überlegen oder die bereits vorliegenden Themen näher zu umgrenzen und mögliche Arbeitsmethoden und -medien vorzuschlagen. Ich selber stellte mir dieselbe Hausaufgabe.

In der nächsten Stunde kamen kaum neue Vorschläge. Immerhin brachten einige Schüler Artikel aus dem ›Stern‹ oder ›Spiegel‹ zu ihren Themen mit, auch Bücher von Erich Fromm. Jeder blieb bei seinem Thema und eine Einigung schien kaum möglich, wenn man jedenfalls nicht die Zeit und Geduld zur Themenfindung aufbringen will und kann, die Heckmann für seine „sokratischen Gespräche“ in einer kleinen, freiwilligen Arbeitsgruppe von Studenten eher aufbringen konnte (Heckmann 1981, S. 12–15). Besonders zäh hielt Peter an seinem Vorschlag fest, Erich Fromms ›Ethik und Psychoanalyse‹ zu besprechen. Er habe das Buch bereits dreimal durchgelesen und war von Fromms Ansatz einer „humanistischen Ethik“ begeistert. Ich hatte mir das Buch, wie versprochen, zu Hause angesehen, hielt es aber für wenig geeignet (es ist etwas breit geschrieben und enthält viele ungeklärte Rückgriffe auf ganze Theorieansätze und „große Namen“; auch war das Buch nicht in der Schule vorhanden und für die Schüler recht teuer in der Anschaffung). Die anderen Schüler hingen weniger an ihren Vorschlägen. Ich hatte mir überlegt, daß die einzelnen Stichworte eigentlich ganz gut unter dem aktuellen Schlagwort „Jugendrevolte heute“ zusammengefaßt werden könnten, mit dem Zusatz „. . . und die Sinnfrage“. Auch hatte ich in der Schulbibliothek Adornos Vorträge ›Erziehung zur Mündigkeit‹ „in Klassenstärke“ vorgefunden. Zusätzlich kam das Thema meinem eigenen Interesse entgegen, und ich hatte an zwei Volkshochschulen hierüber einen Vortrag zu halten. Nicht zuletzt führte das Thema auf zentrale, klassische Fragen der praktischen Philosophie. Oft scheitert im Schulalltag ein gutes Thema an passenden Texten. Mir schien nun aber, daß ein Vortrag von Hans Julius Schneider ›Über das Schweigen der Philosophie zu den Lebensproblemen‹ (Konstanz 1979) die Fragen der Schüler – bei aller Textverdrossenheit – gut beantworten helfen könnte. Von meinen Argumenten waren die Schüler, besonders der Fromm-Anhänger, zunächst nicht recht überzeugt. Sie erkannten ihre eigenen Vorschläge nicht deutlich genug wieder, auch hatten die wenigsten etwas von einer „Jugendrevolte heute" gehört oder konnten mit der abstrakten „Sinnfrage" etwas anfangen. Als ich aber auf einige konkrete Phänomene wie „Hausinstandbesetzer", „Antikernkraft-Protestler" und „Alternativler" hinwies und wir als deren gemeinsames Problem die Frage herausfanden „Wie können wir (die Jugendlichen) in unserer heutigen Gesellschaft überleben und sinnvoll leben?", stieß mein Vorschlag auf mehr Verständnis. Hinzukam, daß einzelne Interessen, besonders Erich Fromm, auch in Referaten oder Arbeitsgruppen behandelt werden sollten. Als Hauptpunkte formulierte ich abschließend: (1) Wie äußert sich die Jugendrevolte heute? (2) Wie unterscheidet sie sich von der Studentenrevolte Ende der sechziger Jahre? (Diese Frage wurde im Kurs selber gestellt) (3) Welche Ziele haben die Jugendlichen (vor allem: Autoritätsproblem)? (4) Die Sinnfrage. Ich erinnerte noch einmal an die notwendige Leistungskontrolle und nannte für die „laufende Kursarbeit", auch als Alternativen zu den mündlichen Diskussionsbeiträgen (besonders für die „Schweiger") außer den Hausaufgaben Referate (auch in Gruppen), laufendes Protokoll oder eigene „Essays" zu selbst gewählten Einzelfragen. Als Hausaufgabe gab ich eine „Medienanalyse" über den Zeitraum einer Woche auf: Wie wird das Thema „Jugend" in den öffentlichen Medien behandelt?

4. Motivation zum Weiterdenken

Die „Medienanalyse" hatte etliche Schüler für das Thema etwas mehr motiviert und hellhörig gemacht. Die Schüler lasen verschiedene Zeitungsberichte vor und erzählten von Sendungen im Radio und Fernsehen. Insgesamt fanden sie, daß über „die Jugend" recht pauschal und negativ berichtet werde. Ein Mädchen hatte eine Fernsehsendung über einige „typische" Jugendliche im Gespräch mit ihren Eltern auf Tonband mitgeschnitten und samt Tonbandgerät gleich in den Unterricht mitgebracht. Wir hörten uns die verschiedenen Gespräche mit einem „Rocker", „Punker", „Popper" und „Alternativler" an. Die Diskussion drehte sich zunächst um verschiedene Einzelfragen, ob z. B. das Mädchen in der Fernsehsendung wirklich von zu Hause ausziehen oder der Junge sich an einer Antikernkraft-Demonstration beteiligen sollte. Schließlich kritisierte ein Schüler, daß die verschiedenen Jugendlichen vom Kommentator der Sendung ziemlich gewaltsam in ein Schema gepreßt würden und außerdem nicht typisch für „die Jugend" seien. In dem Kurs wollte sich keiner einer bestimmten Gruppe zuordnen, sondern „lieber selber entscheiden, was man denken und tun möchte". Die beiden Fragen, wie sich Ich- und Gruppen-Identität (die Ausdrücke führte ich ein) zueinander verhielten, und ob die „Jugendrevolte heute" nicht lediglich von einer Minderheit getragen werde, blieben ungeklärt, zumal die Stunde beendet war.

Als Hausaufgabe gab ich auf, den bisherigen Unterrichtsverlauf schriftlich zusammenzufassen und dazu „philosophische Fragen" zu stellen (über die Formel „Weiterdenken!" hatten wir zu Beginn kurz gesprochen). Bei dieser Zusammenfassung kritisierte Irene, daß wir bis jetzt nur „gelabert" hätten, „ohne Fakten und Informationen". Meinem Hinweis, daß wir uns zunächst eine gemeinsame Erfahrungsbasis erarbeiten und einen persönlichen Bezug zum Thema gewinnen müßten, begegnete die Schülerin mit Skepsis. Sie wollte in einem Referat zu unserem zweiten Hauptpunkt (Studentenrevolte) endlich „auf die wirklichen Hintergründe" unseres gesamten Themas eingehen, auf die gesellschaftlichen Bedingungen (dieselbe Schülerin hatte sich das Thema „entfremdete Arbeit" gewünscht). Wir wollten im Kurs also das Referat abwarten. An „philosophischen Fragen" wurden genannt (soweit die Hausaufgabe überhaupt gemacht wurde): Welche Leitbilder haben die Jugendlichen? Gibt es für Jugendliche und Erwachsene eine gemeinsame, lebenswerte Zukunft? Wie können sich die Generationen gegenseitig verstehen? Was heißt eigentlich „Jugendrevolte" und kann man von einer speziellen „Jugendrevolte heute" sprechen (Jugend rebelliert immer)? Ob diese Fragen alle den Zusatz „philosophisch" verdienen, mag offenbleiben. Auf jeden Fall haben die (oder einige) Schüler an wichtigen Stellen angefangen „weiterzudenken". Wir griffen zuerst die letzte Frage auf, da sie an die offen gebliebene Frage der letzten Doppelstunde anschloß („Jugendrevolte" einer Minderheit?). Auch führten die übrigen Fragen auf unsere beiden letzten Hauptpunkte, wie ich die Gruppe überzeugen konnte (wenn man das Ausbleiben von Gegenargumenten und von allgemeiner Unruhe als Kriterium der Zustimmung ansehen darf – faktisch kann man es wohl aber hier kaum anders). Die „Minderheits"-Frage ließ sich schnell klären, jedenfalls als Zahlenproblem. Immerhin sind nach neueren Umfragen 30 Prozent der 18–23-Jährigen bereit, eine alternative Protestpartei zu wählen (Bopp 1981). Die Quantitätsfrage wurde von einem Schüler als Qualitätsfrage neu gestellt: man solle nicht auf die Anzahl der „Protestler" starren, sondern ihre Argumente hören. An diese Bemerkung schloß sich ein längerer Streit an, ob eine Minderheit mit einem „wahren Bewußtsein" (den Ausdruck warf ich ein) die Mehrheit zur besseren Einsicht zwingen dürfe. Gewaltsame Aktionen wurden zum Teil als einziges wirksames und daher auch legitimes Mittel (für die guten Zwecke) akzeptiert, zum Teil abgelehnt oder nach „Gewalt gegen Sachen und gegen Personen" unterschieden. An dieser Stelle kam der anfangs geäußerte Wunsch, über die Gewaltfrage zu sprechen, doch noch zur Geltung. Ich brach die Diskussion ein wenig gewaltsam ab, als sie mir zu sehr „auszuufern" schien – ein vages Argument, und eher eine autoritäre Lenkung. Immerhin konnte ich auf die noch anstehende Frage „Jugendrevolte" mit dem problematischen Zusatz „heute" verweisen. Den Diskussionsverlauf der Schüler gibt folgender Protokollauszug von Michaela wieder:

1. Warum heißt unser Thema „Jugendrevolte *heute*"?
2. Gibt es nicht immer Jugendrevolten (Generationskonflikte)?

(2) Generationskonflikte sind keine Jugendrevolten.
Generationskonflikte sind allgemeine Probleme zwischen der Jugend und den Erwachsenen, z. B. die Berufswahl, der Fortschritt, die Erfahrungsvermittlung. Es ist schwierig für Jugendliche, Erfahrungen der Älteren einfach zu übernehmen. Soll man die Werte und Zeitbilder der Eltern übernehmen? An diesen Punkten kann es leicht zu Konflikten kommen. Sie entstehen durch den Generationsunterschied und daraus resultierenden unterschiedlichen Meinungen. Der Konflikt besteht darin, sich als Jugendlicher in die schon bestehende Gesellschaft zu integrieren und seine Identität zu finden.

Jugendrevolte kann auch aufgrund von unterschiedlichen Meinungen der Generationen entstehen. Sie bezieht sich aber nicht nur, wie beim Generationskonflikt, eher auf das einzelne Individuum, sondern auf die gesellschaftspolitischen Umstände einer Stadt, eines Landes. Diese Konflikte werden daher nicht nur im Interesse der Jugendlichen, sondern auch für andere Gruppen ausgetragen.

(1) Jugendrevolte *heute*, weil wir speziell die heutige Jugendrevolte untersuchen wollen. Wir wollen auf die speziellen Probleme heute eingehen, auf das soziale Umfeld heute. Nur Jugendrevolte wäre zu allgemein und umfassend, zu abstrakt.

Ich ergänzte die Diskussion der Schüler, die vorwiegend soziologisch-politologisch verlief, noch um die psychoanalytische Sichtweise, nach der man den „Generationskonflikt" bzw. die „Jugendrevolte" als Konflikt des Ich zwischen Es und Über-Ich auffassen kann. Abschließend fragte ich nach den philosophischen Gesichtspunkten und machte auf die verschiedenen Zugangsweisen zu unserem Thema aufmerksam. Genannt wurden erneut die Ziel- oder Sinnfrage, aber auch, welche „Philosophie" hinter der Jugendrevolte heute stecke. Gemeint war eine allgemeine Weltanschauung, die man dann näher untersuchen müsse. Ich versprach, daß wir genau diese Frage anhand des Textes von Schneider behandeln würden (die Texte waren bereits ausgeteilt), wenn wir erst unsere anderen Hauptpunkte geklärt hätten.

In den drei folgenden Doppelstunden standen die „APO" und die „Kritische Theorie" sowie die Zürcher ›Thesen zu den Jugendunruhen 1980‹ auf dem Programm. In einem ausführlichen Referat, das jeder in einem Matrizenabzug erhielt, wurden wir nun von Irene über die Studentenrevolte Ende der sechziger Jahre informiert, wobei sie offensichtlich ihre Kenntnisse aus dem Sozialkundeunterricht verwerten konnte. Ich ergänzte ihre Informationen über die „Kritische Theorie", indem ich auf die Nähe Erich Fromms, der häufiger im Kurs genannt wurde, zu Adorno/Horkheimer/Marcuse hinwies; auch ging ich auf Habermas' ›Erkenntnis und Interesse‹ und seinen Einfluß auf die Studentenrevolte näher ein. Wieviel von den Informationen bei den Schülern „hängenblieb", kann ich schwer abschätzen (ich referierte auch kurz über den gesellschaftlich-politischen Hintergrund der „Kritischen Theorie": die Emigration ihrer Vertreter zur Nazizeit, ihre Rückkehr nach dem Krieg, ihre verspätete Wirkung, ihre Stellung zu anderen philosophischen Hauptströmungen der Gegenwart; vgl. Martens 1980b). Ich habe es nicht abgefragt, und auch das Abfragen hätte nicht viel über den Bildungswert oder die Einsicht in komplexe Zusammenhänge ausgesagt. Immerhin hoffte ich, daß einigen einiges klarer wurde (nach meiner eigenen Position während der Studentenrevolte fragte mich niemand). Zu Habermas kam uns später der Zufall zugute, daß er in Hamburg einen Vortrag hielt, den wir mit einer Gruppe von etwa zehn Schülern besuchten. Unmittelbar an das Referat schloß sich eine längere Diskussion über die Rolle der (Springer-)Presse in der Bildung der „öffentlichen Meinung" an.

Auf das Referat über die ›Thesen zu den Jugendunruhen 1980‹ hatte sich eine Gruppe von drei Schülerinnen und Schülern zusammen vorbereitet. Die Thesen handelten vor allem von den Vorfällen um das „Autonome Jugendzentrum" in Zürich und waren vom dortigen „Bundesamt für Kulturpflege" ausgearbeitet worden (einige Monate später erfuhren wir, daß das „Autonome Jugendzentrum" abgerissen und in eine Grünanlage umgewandelt worden ist). Probleme um ein „Autonomes Jugendzentrum" gab es im Einzugsgebiet unserer Schule aber nicht, ebenfalls nicht um „Hausinstandbesetzungen" oder Demonstrationen. Auch verhielten sich die meisten Schüler eher distanziert und „vernünftig" gegenüber den konkreten Problemen der gegenwärtigen „Jugendrevolte" und interessierten sich mehr für die allgemeinen, „philosophischen" Fragen. Wieweit dies von meinem Unterrichtsstil und vom Image des Faches „Philosophie" abhängt oder Rückschlüsse auf die „angepaßten" Schüler zuläßt, kann ich nicht beurteilen (vgl. Jugend '81; Hornstein u. a. 1982). Viele Schüler des Kurses jedenfalls beschäftige bei den Zürcher ›Thesen‹ besonders der Dialoggedanke, wofür folgender Protokollauszug von Maren einigermaßen typisch ist:

Wir begannen die Stunde mit der Fortführung unseres Referats ›Thesen zur Jugendrevolte‹, die die Unruhen in Zürich im November 1980 betreffen (siehe Referat).

Wir diskutierten manche Punkte ausführlicher, darunter auch, ob die Kommunikation nicht oft einseitig verlaufe. Sind es nicht immer nur die Jugendlichen, die die Kommunikation fordern? Auf welcher Seite wird kommuniziert? Festgestellt wurde, daß beide Seiten noch mehr aufeinander zugehen müssen, wenn sie es bisher überhaupt schon getan haben. Doch Dialoge verlaufen nur dann konform, wenn beide Diskussionspartner gleichberechtigt sind, also beide auch bereit sind zu akzeptieren, und zwar nicht nur die Meinung des anderen, sondern auch seine Gründe. Aber oft genug haben die Erwachsenen ein ganz anderes Weltbild entwickelt, das sie bei einer Diskussion mit Jugendlichen aufs Spiel setzen würden. Deshalb scheuen sich viele Eltern davor, auf den ersten Schritt (und auch auf den zweiten, nämlich auf die inhaltlichen Diskussionsforderungen der Jugendlichen) einzugehen.

Nach den beiden Referaten und einem spontan angebotenen Kurzreferat über den „Aussteiger" Pestalozzi (›Nach uns die Zukunft‹) zogen wir einen Vergleich zwischen der Studentenrevolte Ende der sechziger Jahre und der Jugendrevolte heute. Die Schüler fanden schnell die Unterschiede heraus (einige hatten unterdessen auch Artikel vor allem aus der ›Zeit‹ zu unserem Thema gelesen): einerseits studentische Elite; stark theoriegesteuert; komplexe und weltweite Probleme – andererseits konkrete überschaubare Probleme; nicht nur Studenten als Beteiligte; eher emotional; keine theoretischen Wortführer. Als Ziele der „Jugendrevolte heute" lassen sich, so fanden wir heraus, keine gesamtgesellschaftlichen Veränderungsvorschläge mehr ausmachen, sondern nur allgemeine Vorstellungen für das konkrete eigene Leben wie „Autonomie" und „Anarchie". Vielleicht wäre an dieser Stelle ein Bildungs-Exkurs über „Anarchismus" und „Eudämonismus" bzw. „Hedonismus" (Epikur) sinnvoll gewesen. „Anarchismus" war aber bereits Teilthema aus einem vorigen Kurs gewesen; „Eudämonismus" bzw. „Hedonismus" fiel mir erst in der „kritischen Nachbereitung" ein. „Autonomie" jedenfalls war das Stichwort für die Adorno-Lektüre.

5. Leistungsbewertung

Davor kam jedoch die erste (zweistündige) Klausur (die Klausurtermine werden bereits zu Halbjahresbeginn für die gesamten Kurse aus organisatorischen Gründen festgelegt), danach gab es Herbstferien. Nach dem bisherigen eher offenen Unterrichtsverlauf und gerade bei unserem Rahmen-Thema sowie beim Stichwort „Autonomie" wäre hier ein Konfliktfall denkbar gewesen. Die Klausur wurde jedoch als unabänderlich hingenommen, ob aus Gewohnheit, Resignation oder Einsicht, vielleicht sogar auch als Ergebnis gerade dieses Kurses, weiß ich nicht. Auf jeden Fall versprach ich, einen Textauszug zu wählen, der zu unserem Thema paßt.

Philosophie-Klausur I

Bundeskanzler Helmut Schmidt führte in einer Rede ›Maximen politischen Handelns‹ auf dem Kant-Kongreß der Friedrich-Ebert-Stiftung im März 1981 unter anderem folgendes aus:

„Für mich persönlich hatte das hohe Pflichtethos als ganz junger Mensch bei Beginn des Krieges durch das Lesen von Marc Aurels ›Selbstbetrachtungen‹ schon Bedeutung gewonnen; eine Schrift, die mir in der Nazizeit durch Zufall in die Hände gekommen war.

Wenn ich es richtig verstehe, bedeuten Pflicht und verantwortliches Handeln für Kant: In Übereinstimmung zu handeln mit dem, was den Menschen gemeinsam ist, was daher über alle sonstigen Unterschiede hinweg Verständigung ermöglicht, nämlich in Übereinstimmung mit der menschlichen Vernunft zu handeln. Dieser Gedanke hat mich gerade als Kriegsheimkehrer sehr beeindruckt, denn ich hatte, wie viele Millionen Menschen auch, die verheerenden Folgen einer Politik des Wahns sehr unmittelbar erlebt.

Der kategorische Imperativ, in dem Kants praktische Philosophie gipfelt, lautet (in einer von mehreren Fassungen): *„Handle nur nach derjenigen Maxime, durch die du zugleich wollen kannst, daß sie ein allgemeines Gesetz werde."* Für mich besagt das nichts anderes, als daß der Politiker, der verantwortlich handeln will, zugleich die Folgen seines Handelns für die anderen mit berücksichtigen soll. Nur so kann er ja herausfinden, ob seine Handlungsmaximen tatsächlich zu einer „allgemeinen Gesetzgebung" – wie es bei Kant in einer anderen Fassung heißt – taugen. Offensichtlich ist, daß an diesem moralischen Leitsatz sich auch die politische Moral orientieren muß.

Man könnte übrigens, etwa mit dem deutsch-amerikanischen Philosophen Hans Jonas, den kategorischen Imperativ auch so ausdeuten, daß man sagt: Handle so, daß dein Handeln weder die Zukunft des Menschen noch die Zukunft der Natur gefährdet. Ich will mir das noch nicht zu eigen machen. Ich deute damit nur an, daß 200 Jahre später mancherlei Modernisierungen vorstellbar sind, möglicherweise nötig sind.

Für den Politiker verlangt Kants Imperativ: Nicht auszugehen von Opportunitätsrücksichten, sondern alle von seiner Entscheidung betroffenen Interessen, alle von seiner Entscheidung ausgehenden Folgen gewissenhaft kennenzulernen und gewissenhaft gegeneinander abzuwägen."

Erläuterungen:

zu Z. 2: Marc Aurel, römischer Kaiser und Philosoph (121–180 n. Chr.)

zu Z. 12: kategorisch: absolut, ohne Ausnahme

zu Z. 13: Maxime: Regel (für eine Handlung)

zu Z. 25: Kant lebte 1724–1804

zu Z. 27: Opportunität: unmittelbare Nützlichkeit

(1) Eine Gegenposition gegen Kant wäre: „Handle nur nach derjenigen Maxime, nach der du deine eigenen Interessen oder die deiner Gruppe (deines Volkes, deiner Rasse etc.) am besten durchsetzt." Wie ließen sich beide Positionen *begründen*? Welche hat die *besseren* Gründe für sich?

(2) Worin besteht Jonas' „Modernisierung" Kants (Z. 25)? Ist sie „nötig" (Z. 26) bzw. kann man sie begründen?

(3) Was könnte man von Kant/Jonas bzw. deren Gegenposition im Hinblick auf die Probleme der „Jugendrevolte heute" lernen?

(Den Text kann man vom Presse- und Informationsamt der Bundesregierung, Postfach, D-5300 Bonn, bekommen; der Testauszug ist in der Reihe ›Berichte und Dokumentationen‹, Bd. 23, S. 8–11 abgedruckt.)

Auf eine bloße Inhaltswiedergabe verzichtete ich beim vorliegenden Text, da er leicht verständlich ist. Die Aufgaben (1) und (2) gehen problematisierend auf den Text ein, (3) gibt dem Selbstdenken den größten Raum. Auf die Aufgabe (1) wollte ich etwa die Hälfte der Punktzahl verteilen, auf (2) etwas mehr Punkte als auf (3), wie ich die Schüler zu Beginn der Klausur informierte. Ich hatte mir selber einen „Erwartungshorizont" skizziert, der aber nicht für die Beurteilung bindend war. Vielmehr achtete ich auf konsequente, klare Argumentation, auf eigene Ideen und Rückbindung an das im Unterricht erarbeitete Wissen oder die gemeinsamen Überlegungen. Diese recht generellen Kriterien mußten nicht vollständig erfüllt werden, um eine optimale Punktzahl zu erreichen. Vielmehr gab ich für besonders gute Teilbereiche auch „Extra-Punkte". Die Leistungsbewertung im Philosophienunterricht wäre ein eigenes, weites Thema (siehe Renda 1981, S. 174–193). Auch wäre eine sorgfältige Analyse der Leistungsbewertung einer vorliegenden Klausur sicher recht lehrreich, würde aber hier zu viel Platz beanspruchen. (In einem Didaktik-Seminar habe ich einmal die Studenten eine Schüler-Klausur zunächst selber schreiben und gegenseitig beurteilen lassen; danach haben die Studenten die 20 Klausurtexte meiner Schüler korrigiert, ihre Korrekturen verglichen und begründet, einzelne Probleme herausgegriffen und schließlich mit meinen „realen" Bewertungen verglichen sowie die Bewertungskriterien und ihre Anwendungen diskutiert.) Bei der Rückgabe der Klausur, die recht gut ausfiel, erläuterte ich meine endgültige Punktebewertung und sprach die einzelnen Fragen mit Beispielen aus den Arbeiten durch, die ich jeweils mit kurzen Kommentaren versehen hatte. Natürlich konnte ich von den Schülern aus dem Textauszug heraus keine professionell zufriedenstellende Kant-Interpretation erwarten, zumal Kant für sie neu war (vgl. Steinhardt 1981; Hermann 1981). Ich verlangte aber eine gründliche Auseinandersetzung mit dem „kategorischen Imperativ", wie er im Text gedeutet wurde – daher das starke Gewicht auf Frage (1). Vor allem bei (3) erwartete ich im Rahmen der vorliegenden Arbeit eher nur einige recht allgemeine Argumente – daher die niedrige Punktzahl. Für die Klausuren sollen hier nur zwei Beispiele unkommentiert stehen:

1. Klausur-Beispiel (Petra)

(1) Gründe für die Position von Kant: Wenn jeder diesen Rat befolgt und zwar konsequent, also immer dann kann jeder nur vernünftig, gerecht und rücksichtsvoll handeln. Jede Handlung müßte durchdacht werden, mit allen ihren Folgen, die sie

haben kann; Gesetze wären insofern unnötig, als, wenn alle Menschen nach der Vernunft handeln, die Gesetze (insofern unsere Gesetze der Vernunft entsprechen) ohne Vorschreiben derselben befolgt werden. Dabei wird davon ausgegangen, daß alle Menschen die gleiche Vernunft haben. Aber hängt nicht die Vernunft von dem Reifegrad eines Menschen ab? Denken nicht viele Menschen nur zur Hälfte und nie bis zum Ende ihrer Handlungskonsequenzen? Ist Vernunft im weitesten Sinne nicht wandelbar?

Weitere Gründe für Kants Position: Jeder Mensch, der so handelt, gewinnt Freiheit, dadurch, daß er durch seine eigene Vernunft handelt und die Gesetze von Machthabern dadurch überflüssig werden und überhaupt nicht erhalten werden könnten. Es ist eine Bereicherung, selbst entscheiden zu können, dadurch, daß man sein Handeln durchdenkt.

Die Menschen, die (und es handelt sich dabei um uns) vor ihren Handlungen nur überprüfen (nur ablesen müssen) müssen, ob sie den bestehenden Gesetzen entsprechen, sind doch unendlich unfrei! Würde jede Maxime, nach der man handelt, zum Gesetz, so müßten diese Gesetze von anderen auf einen selbst angewandt, einem selbst ja auch gefallen. Will man für sich selbst nicht immer das Beste? So will man auch, fast automatisch, seinen Mitmenschen nur das Beste. (Auch jeder Bürger wird zum Gesetzesmacher.) Dadurch wird größtmögliche Freiheit für jeden gewährt. Eine allgemeine Vernunft, die bei allen Menschen gleich ist, wird dabei aber vorausgesetzt.

Die Gegenposition läßt sich mit der liberalen Wirtschaftstheorie vergleichen. Dadurch, daß jeder nur egoistisch handelt, kann jeder seine Interessen durchsetzen. Dabei kann allerdings nicht jeder gleich stark seine Interessen durchsetzen, sondern der Stärkste hat es am besten. Dadurch könnte man, oberflächlich betrachtet, auf eine gesunde Gesellschaft schließen (Naturgesetz usw.: Schwache werden ausgerottet – Natur bleibt gesund). Weitere Gründe für diese Position sind: Fortschritt ist nur möglich durch ständige Konkurrenz. Nur die Gruppe, die es am besten macht, kann sich durchsetzen. Wandlungen und ein ständiger Kampf wären die Folge. Deswegen meinen auch manche Menschen, die sich (vielleicht sogar unbewußt) nach dieser egoistischen Position richten, das Leben sei ein ständiger Kampf und man bekäme nichts geschenkt. Ziemlich wahr, da unser System weitgehend auf Egoismus aufgebaut ist – ein sogenannter Sozialstaat ist nur durch Gesetze zu erzwingen.

Und da wären wir auch schon bei der Ablehnung dieser Gegenposition. Wie ich schon andeutete, gibt es nur bei oberflächlicher Betrachtung gute Gründe für dieselbe. Aber wenn man es sich genauer ansieht, könnte man die Gesellschaft, die nur nach dieser Position handelt, als krank bezeichnen. Warum sind wir denn dann Menschen? Wenn wir so handeln, hätten wir auch gleich Affen bleiben können. Wahr ist, daß die Menschlichkeit bei dieser Position auf der Strecke bleibt; und der Mensch ist ja gerade wegen seiner Menschlichkeit Mensch, oder etwa nicht? Wobei ich mit Menschlichkeit meine, daß man eben nicht nur nach seinen Interessen handelt, sondern zudem genauso berücksichtigt, was unvermeidbar ist, wenn man andere Menschen genauso wie sich selbst als Mensch akzeptiert und liebt.

(2) Die Modernisierung Jonas' ist meiner Meinung nach ziemlich weit auslegbar

und besagt insofern nicht unbedingt das, was der kategorische Imperativ von Kant besagt. Denn wenn man jemandem nicht schadet, dann heißt das noch lange nicht, daß man ihm deshalb nützt. Und deshalb ist es eine Abschwächung der Forderung. Deshalb ist sie auch nötig, damit wenigstens diese Forderung erfüllt wird, wenn nicht schon die von Kant. (Realistisch gesehen ist sie im Moment zu hoch gegriffen [die von Kant].) Modernisierung ist es ja nur, weil sie eben auf den heutigen Menschen gemünzt ist. Ich finde sie sinnvoll, man sollte aber trotzdem nicht sagen, daß sie genau das gleiche, wie die von Kant aussagt. Auf jeden Fall wäre das Befolgen dieser Forderung ein gewaltiger Schritt in Richtung „menschliche Gesellschaft", den im Moment, wie es scheint, keiner zu tun bereit ist. Schmidts Anspruch läßt sich ironisch gegen ihn verwenden. Daß er sich das nicht zu eigen machen will, ist klar – wo bliebe denn dann die angebliche friedenssichernde Verteidigungspolitik, die doch die Zukunft der Menschheit und der Natur bedroht?

(3) Was würde man davon lernen? Man kann davon lernen, daß wenn die Kant/ Jonas-Position befolgt würde, es keine Jugendrevolte zu geben bräuchte. Die Probleme der Jugend sind u. a.:

- Die erwartete Eingliederung in eine Gesellschaft, die sie in ihrer heutigen Form nicht akzeptieren können und wollen.
- Davon ausgehend die Frage: Wenn nicht so – wie denn dann? Und woher sollen sie gerade das wissen, ohne Vorbilder? Daraus folgt wieder:
- die allgemeine Unzufriedenheit und Verzweiflung.
- Außerdem sind die heutigen Jugendlichen, ohne daß sie es merken, fast schon genauso wie die Erwachsenen, gegen deren z. B. Spießerhaftigkeit und Konsumgeilheit sie doch so gegenanschimpfen. Denn keiner kann sich der Wirkung, die diese Gesellschaft auf uns ausübt, entziehen, besonders nicht im Stadium des nach Vorbilder suchenden Heranwachsenden.
- Und gerade, weil sie diese Eigenschaften, die sie bekämpfen wollen, schon in sich selber haben, sind sie so machtlos und wissen keinen Ausweg.

Helfen kann z. B. ein Politiker den Jugendlichen, indem er die Kommunikation ermöglicht zwischen den Generationen und untereinander (zwischen den Jugendlichen).

Verstärkt wird die Revolte dadurch, daß die Politiker den Jugendlichen nur den Weg der Gewalt als Ausdrucksmittel ihrer Probleme lassen.

Die Jugendrevolte kann also zu gar keinen wünschenswerten Ergebnissen kommen – mit Gewalt kann man sich doch nun wirklich nicht verbünden. Außerdem wird die Kluft, die es zu überwinden gilt, dadurch doch nur größer.

Wie auch außenpolitische Fragen scheinen die Politiker die Jugendprobleme nur mit gegenseitigem Angstmachen beantworten zu können.

2. *Klausur-Beispiel (Olaf)*

(1) Meiner Meinung nach ist Kants kategorischer Imperativ schwer zu begründen, denn wenn man einmal darüber nachdenkt, stellt man fest, daß Kant sich ziemlich „schwammig" ausdrückt. Denn was ist ein allgemeines Gesetz? Oder für wen sind solche allgemeinen Gesetze gültig bzw. wen bevorteilen oder wen benachteiligen sie? Da Kant darüber nichts sagt (jedenfalls nicht hier), kann man natürlich eine ganze

Menge Sachen mit diesem kategorischen Imperativ begründen, denn auch z. B. Hitler wollte ja sicherlich, daß seine Maximen zu allgemeinen Gesetzen werden. Das hieße also, Hitler hat nach Kant gehandelt. Deshalb würde ich sagen, daß die von Ihnen gegebene Gegenposition keine echte Gegenposition darstellt, denn meiner Meinung nach kann man diese Ihre „Gegenposition" aus Kant ableiten. Wenn man sich allerdings denkt, daß Kant voraussetzt, daß dieses allgemeine Gesetz positiv für alle Menschen ist, dann handelt es sich natürlich um eine Gegenposition. Aber diesen „positiven Charakter" des allgemeinen Gesetzes kann man aus dem einen Zitat nicht ableiten. Deshalb ist es für mich schwierig, beide Positionen zu begründen, weil ich nur eine Position sehe, und weiterhin ist natürlich auch schwierig für mich zu sagen, welche die besseren Gründe hat. Begründen könnte man Kant damit, daß es natürlich ein sehr lobenswerter Vorsatz ist, nur das zu tun bzw. nur so zu handeln, wie ich es auch von anderen Menschen erwarte. Es gibt ein Sprichwort, was dies meiner Meinung nach auch sehr gut beschreibt: „Was du nicht willst, das man dir tu, das füg auch keinem andern zu." Allerdings gibt es Situationen, in denen man nicht nach diesen Maximen handeln kann, z. B. Notwehr. Bevor mich jemand umbringt, töte ich ihn lieber. Aber gerade in so einer Situation handele ich ja nicht nach meinen Maximen, die zum Beispiel pazifistisch sind.

Begründung der „Gegenposition": Wenn man voraussetzt, daß in jedem Menschen Egoismus „drin" ist von Geburt an, was ja besonders von staatlich bezahlten Wissenschaftlern immer wieder behauptet wurde und auch immer noch behauptet wird (denn darauf baut ja unser gesamtes wirtschaftliches und politisches System auf bzw. wird es damit auch als natürlichstes und bestes dargestellt, weil alle anderen Systeme am angeblich natürlichen Egoismus des Menschen zugrunde gehen müssen), dann kann man die „Gegenposition" damit begründen. Denn in jedem Mensch steckt Egoismus (sagen Politiker, Wissenschaftler usw.), und deshalb ist es richtig zu sagen, daß jeder nach den Maximen handelt, mit denen er seine Interessen am besten durchsetzen kann. So könnte man die Gegenposition begründen, die mir einfällt. Aber diese Begründung ist in meinen Augen Unsinn, weil meiner Meinung nach der Egoismus der Menschen von dem System herrührt, in dem sie leben, d. h. der Egoismus der Menschen hat sich in einem sehr langen Zeitraum entwickelt, bedingt z. B. durch die ökonomische Situation der Menschen, und er ist sehr wesentlich geprägt durch die politischen Herrschaftsstrukturen in der Geschichte der sogenannten zivilisierten westlichen Welt. Und gerade der Faktor, daß Menschen über Menschen herrschen bzw. regieren, dieser Faktor ist meiner Meinung nach der Grundstein für den menschlichen Egoismus.

(2) Die Modernisierung Kants durch Jonas besteht darin, daß Jonas Kant etwas konkreter wiedergibt, denn er schränkt dieses allgemeine Gesetz ein bzw. versucht, es genauer zu definieren: a) keine Gefährdung der Zukunft des Menschen, b) keine Gefährdung der Natur. Aber auch Jonas sagt uns nicht, wie wir seine „Version" zu verstehen haben. Ist z. B. Herrschaftslosigkeit eine Gefährdung der Zukunft der Menschen? Ich finde nicht, andere meinen ja. Das einzigste, was Jonas relativ konkret sagt, ist, daß man durch sein Handeln nicht die Natur gefährden darf. Aber es gibt sicherlich auch in diesem Punkt verschiedene Meinungen, denn man kann nicht eindeutig beweisen, ob nun die Natur gefährdet wird. Eine Modernisierung Kants ist

unbedingt notwendig, aber nicht unbedingt eine Modernisierung, die sich dann genauso schwammig darstellt wie die „Verfassung“ von Kant.

(3) (nicht beantwortet)

Bei der Besprechung der Klausur beschäftigte uns besonders lange Olafs Versuch, Hitlers Handeln mit Kants kategorischem Imperativ, so wie er aus dem Text hervorging, zu begründen oder zu rechtfertigen. Die Diskussion kam schnell auf den zentralen Punkt, was Kant unter „allgemeinem Gesetz“ versteht. Im vorliegenden Text gaben die Schüler zwei Stellen an; einmal Zeile 16: „zugleich die Folgen seines Handelns für die anderen mit berücksichtigen“, ferner Zeile 6–9: „In Übereinstimmung zu handeln mit dem, was den Menschen gemeinsam ist, was daher über alle sonstigen Unterschiede hinweg Verständigung ermöglicht, nämlich in Übereinstimmung mit der menschlichen Vernunft zu handeln.“ Beide Stellen sind zwar keine Zitate von Kant, sondern Interpretation seines kategorischen Imperativs, aber für uns besteht zunächst kein Grund, an der Richtigkeit dieser Interpretation zu zweifeln. Wenn man besonders von der ersten Stelle ausgeht, läßt sich Olafs Deutung nicht halten. Denn Hitler konnte sich z. B. mit dem Gesetz zur Judenvernichtung nicht damit rechtfertigen, daß es „über alle sonstigen Unterschiede hinweg“ bei allen Menschen auf Zustimmung stoßen würde. Wenn Olaf schreibt: „Hitler wollte ja sicherlich, daß seine Maxime zu allgemeinen Gesetzen werden“, meint er damit eine allgemeine Rechtsverbindlichkeit im „Deutschen Reich“ (und möglichst auf der ganzen Welt und zu allen Zeiten). Hitlers Rassismus widerspricht gerade Kants Gebot der „Menschlichkeit“, wie Petra in der ersten Klausur geschrieben hat (und wie bei Olaf anklingt, wenn er vom möglichen „positiven Charakter“ des allgemeinen Gesetzes bei Kant schreibt, sich aber nur auf das Kant-Zitat bezieht, ohne den Kontext zu beachten).

Inwiefern aber hat Kants Position, etwa gegenüber Hitler, die „besseren Gründe“ für sich? Die meisten Schüler argumentierten utilitaristisch (Vorteil für das Zusammenleben), jedenfalls der Sache nach (ähnlich auch Olaf mit dem Sprichwort). Nur die wenigsten bezogen sich auf eine allgemeine „Menschlichkeit“, wie etwa in der ersten Klausur. Was aber genau ist „Menschlichkeit“? In einer groben Klärung gaben wir uns mit dem Hinweis auf die „allgemeinen Menschenrechte“ zunächst zufrieden, um unsere Begründungsfrage weiter zu verfolgen. Die Diskussion spitzte sich auf den fiktiven Überzeugungsversuch eines Zynikers oder Diktators zu – wir kamen zu keinem „Ergebnis“. An dieser Stelle bemerkte ich besonders deutlich das Interesse der Schüler, über grundsätzliche Fragen praktischer Orientierung und scheinbar Selbstverständliches weiter nachzudenken, unabhängig vom Ritual der Klausurrückgabe. Ich lernte aber auch (erneut) mit den Schülern, die Frage radikal, an der Wurzel zu verfolgen. Sicher, ich konnte als Lehrer die Frage genauer stellen helfen, wußte aber in der Sache selbst auch nicht mehr, als die Lernenden ohnehin schon wußten. Auf diese Spannung von Wissen und Nichtwissen hatte Kant selber aufmerksam gemacht. In einer derartigen Situation Noten geben . . .

6. Das weitere Unterrichtsgeschehen

Das Schreiben und Besprechen der Klausur hatte zwei Doppelstunden eingenommen, und eigentlich war unsere Diskussion auch nur der Hauptprobleme, wie sie in den Klausuren aufgetaucht waren, viel zu kurz gewesen. Erst in der neunten Doppelstunde kamen wir zur Adorno-Lektüre, für die ich den Schülern einige Wochen Zeit gelassen hatte, auch, um der Textverdrossenheit entgegenzuwirken. Einige lasen das ganze Buch durch; Pflicht war aber nur das Gespräch Becker–Adorno ›Erziehung zur Mündigkeit‹ (a.a.O. S. 133–147). Den Text hatte ich für unseren dritten Hauptpunkt ausgewählt (Ziele der Jugendlichen/Autoritätsproblem). Unterdessen war das Kursbuch 65 (1981) zum Thema ›Der große Bruch – Revolte '81‹ erschienen. Als ich es in den Unterricht mitbringen wollte, zeigte es mir ein Schüler bereits vor der Stunde (überhaupt wurden die Pausengespräche, auch nach Schulschluß, immer intensiver). Wir reichten unsere beiden Exemplare im Kurs herum, erzählten vom Inhalt und empfahlen beide, das Buch zu lesen. Um die Anknüpfung des Adorno-Textes an den vorangegangenen Unterricht brauchte ich mir nun keine Gedanken mehr zu machen. Denn „Mündigkeit" oder „Autonomie" war die Hauptforderung in den Berichten und Überlegungen auch des Kursbuches. Ich überprüfte danach in Stichproben, wieweit die schriftliche Hausarbeit gemacht worden war: (1) Namen, Begriffe nachschlagen; (2) Hauptthese(n); (3) Gliederung; (4) (sachliche) Unklarheiten; (5) (kritische) Einwände; (6) eigene Stellungnahme (Gegenposition; Lösungsvorschläge zu offenen Fragen). Offensichtlich hatten sich die meisten für den Text interessiert. Sie hatten die geforderten Teilaufgaben erfüllt und konnten auch den Bezug des Textes (von 1969) zur Studentenrevolte richtig herstellen. Die recht lebhafte Diskussion führte zu einer ziemlich einhelligen Ablehnung des „elaborierten Codes" Adornos. Einige Schüler hatten vermutlich gerade im Deutschunterricht über Kommunikationstheorie gesprochen. Inhaltlich erschien den meisten Schülern Adornos These der notwendigen Autorität für die Kindererziehung durchaus einleuchtend. Sie sahen aber auch das Problem, wie man akzeptable „Sachautorität" von bloßer, nicht gerechtfertigter „Rollenautorität" unterscheiden könne, zumal, als sie in Gruppenarbeit beides auf die Schule beziehen sollten. Bis lange in die Pause hinein überlegten wir, wie wir in diesem Kurs (endlich, verstärkt) Unterricht auch einmal „ganz anders" machen könnten, „freier" – ein Schwung, der allerdings (auch) bei den Schülern nicht ausdrücklich zu konkreteren Aktionen führte. Immerhin wurde das Arbeitsklima im Kurs (noch) angenehmer.

Wir schlossen Adorno und das Thema „Autorität" in der dritten Doppelstunde mit einem ausführlichen Referat ab, das ein Schüler über einen Artikel von Dieter E. Zimmer ›Das Unbehagen an der Autorität‹ hielt (Zeit Nr. 33/34 vom 7./14. 8. 1981). Das Referat ging u. a. auf die Untersuchungen Adornos, Horkheimers und Fromms aus den dreißiger Jahren zum Zusammenhang von Familie, Autorität und Faschismus ein (z. T. also Themen, die anfangs gewünscht worden waren), auf (schlechte) Erfahrungen mit völlig „antiautoritär" erzogenen Kindern und auf das Milgram-Experiment, bei dem sich Versuchspersonen von „Wissenschaftlern" zu sadistischen Handlungen verleiten ließen. Die Schüler hörten zwar konzentriert und gespannt zu, wollten aber nicht auf ihre Pause verzichten, als einer „Pause!" rief. Nach der Pause fragte ich, ob sie nicht vielleicht selber, wie die Versuchspersonen im Milgram-Experiment, autoritätshörig seien, weil sie ihr eigenes Sachinteresse nicht gegen den autoritären Ruf „Pause!" verteidigen wollten. Die Schüler erklärten ihr Verhalten damit, daß sie eben an Pausen gewöhnt seien und in den Pausen auch gerne mit anderen Leuten zusammentreffen würden. Ein Wunsch, der mir bei unserer anonymen Groß-Schule mit etwa 1100 Schülern einleuchtete (auch in unserem Kurs lernten die Schüler erst allmählich alle Namen voneinander). Immerhin war mir nicht ganz klar, wieweit hier doch autoritätsgeleitetes Verhalten vorlag – vielleicht waren sich einige Schüler auch nicht so ganz sicher.

In der übernächsten Stunde holten wir noch ein weiteres Referat von zwei Mädchen, Ute und Andrea, zum Thema „Autorität" nach, das beide aus Arbeitsbelastung (verschiedene Klausuren) erst später als geplant halten konnten. Ich hatte den beiden Schülerinnen das Buch von J. M. Bocheński ›Was ist Autorität? Einführung in die Logik der Autorität‹ (Freiburg i. Br. 1974) gegeben und sie aufgefordert, „das Wichtigste für uns" daraus zu referieren. Wer das Buch kennt und unsere bisherige Arbeit verfolgt hat, wird die (unten abgedruckte) Lösung der gestellten Aufgabe sicher wie ich hoch einschätzen. Ute und Andrea erläuterten ihre Zusammenfassung zudem an Beispielen und konnten auch auf kritische Zwischenfragen gut reagieren; auf die „Merksätze" am Schluß ihres Referates fielen die Schüler zunächst herein – ein Experiment, wie Referenten „als Autoritäten" angesehen werden, meinten die beiden Referentinnen:

Referat über Bocheński, Was ist Autorität? (Ute und Andrea)

(1) *Grundstruktur der Autorität*

– Die Autorität ist eine dreistellige Beziehung zwischen einem Träger, einem Subjekt und einem Gebiet.

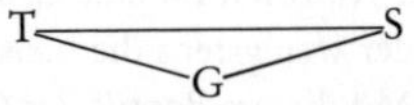

– Der Träger (T) ist eine Autorität für das Subjekt (S) genau dann, wenn S prinzipiell alles, was ihm von T als Behauptung mitgeteilt wird, und zum Gebiet (G) gehört, anerkennt.

Träger	–	Behauptung	–	Subjekt-Anerkennung
(Sender)		(Code)		(Empfänger)

(2) *Eigenschaften der Autorität im allgemeinen*

– Ist A Träger und B Subjekt der Autorität in einem Gebiet, so ist es logisch möglich, daß B Träger und A Subjekt in einem anderen Gebiet ist.

– Jeder Mensch ist in wenigstens einem Gebiet eine Autorität für alle anderen Menschen.

– Der Träger einer Autorität mißbraucht sie, wenn er sie in Hinblick auf ein Subjekt oder ein Gebiet auszuüben versucht, für bzw. in welchem seine Autorität unbegründet ist.

(3) *Arten der Autorität*

– Das Gebiet der Autorität ist eine Klasse von Sätzen (Behauptungen) oder eine Klasse von Weisungen (Befehlen).

– Es gibt nur zwei Arten von Autorität, erstens die Autorität des Wissenden und zweitens die Autorität des Vorgesetzten.

– Ein Vorgesetzter muß in dem Gebiet, in dem er Befehle erteilt, nicht unbedingt auch die Sachautorität besitzen.

(4) *Autorität des Wissenden* (= epistemische Autorität)

– Die Anerkennung der größeren Kompetenz und der Wahrhaftigkeit des Trägers im Gebiet ist eine notwendige Bedingung der Anerkennung der epistemischen Autorität.

Anerkennung
- ohne Begründung
- mit Begründung, und zwar durch
  - direkte Einsicht,
  - Schlußfolgerung aus Erfahrung
    - über den Träger selbst,
    - über die Klasse, zu welcher der Träger gehört

– Die zur Begründung der epistemischen Autorität dienenden Schlußfolgerungen sind nicht unfehlbar.

(5) *Autorität des Vorgesetzten* (= deontische Autorität)

– T ist eine deontische Autorität für S im Gebiet G genau dann, wenn es ein Ereignis Z solcher Art gibt, daß

a) S wünscht, daß Z wirklich werde,
b) S glaubt, daß die Ausführung durch S der ihm durch T mit Behauptung mitgeteilten und zum Gebiet G gehörenden Weisungen eine notwendige Bedingung dieser Verwirklichung ist.

– ein Träger ist eine deontische Autorität für eine Gruppe von Menschen im Gebiet G genau dann, wenn alle oder wenigstens die meisten Mitglieder dieser Gruppe jene Autorität anerkennen. Mit diesem Begriff der Gruppen-Autorität hängt eine wichtige moralische Frage eng zusammen. Sie lautet: Gegeben, daß ich glaube, die Ausführung der einschlägigen Weisungen durch die meisten in der Gruppe sei für das Erreichen eines Zieles notwendig, und gegeben, daß ich dieses Ziel will – ist es mir erlaubt, mich nicht zu fügen, mich zu „drücken"?

(6) *Anarchismus – Totalitarismus*

– Der Anarchismus ist eine Lehre, nach welcher es keine Autorität des Vorgesetzten geben soll.
– Der Totalitarismus ist eine Lehre, nach welcher es Autorität des Vorgesetzten in allen Gebieten geben soll.

„Merksätze"

– *Jeder Vorgesetzte hat in dem Gebiet, in dem er Vorgesetzter ist, Sachautorität.*
– *Eine wirkliche Autorität braucht keine Anerkennung, um eine Autorität zu sein.*

Für den Schneider-Text zu unserem letzten Hauptpunkt „Sinnfrage" hatten wir bis zur zweiten anstehenden Klausur noch zwei Doppelstunden Zeit. Den Inhalt des Textes und den Zusammenhang zu dem zuvor behandelten Begriffspaar „Autonomie" und „Autorität" gibt folgende Zusammenfassung (als Hausarbeit) gut wieder:

Zusammenfassung des Schneider-Textes (Birgit)

Schneider behauptet und versucht zu belegen, daß die Frage nach den Lebensproblemen nicht mit Fragen vom Typ „was ist der Fall" zu lösen sind. Man kann sie nicht lösen, wenn man fragt, „welchen Sinn hat das Leben?". Eine solche Frage fragt nach dem Ziel, der Funktion, der für uns bestimmten Rolle in einem vorbestimmten Plan. Zu fremder Zufriedenheit zu funktionieren ist aber nicht die Lösung der Lebensprobleme. Die Frage nach den Lebensproblemen muß anders gestellt werden. Schneider diskutiert, ob sie mit der Frage „was wäre ein sinnvolles Leben für mich" gelöst werden. Diese Frage fragt nach der Beziehung, die ich selbst zum Leben habe. Da mein eigenes Leben untrennbar von dem aller ist, ist die Frage zugleich eine Frage nach unserem gemeinsamen Leben, danach, was wir für ein Leben *führen*.

Um sagen zu können, ich habe ein Leben geführt, muß es sinnvoll gewesen sein. Sinnvoll sind Handlungen, die wir selbst bestimmt haben. Sinnlos sind Handlungen, die uns passieren, die wir gedankenlos tun. Das Leben des einzelnen ist sinnvoll geführt, wenn es Teil eines sinnvollen Zusammenhanges in der Gesellschaft ist. In der Bemühung um ein sinnvolles Leben wollen wir es nicht dem Zufall überlassen oder von anderen bestimmen lassen, sondern wollen selbst Entscheidungen treffen. Dabei dürfen wir uns nicht selbst täuschen, Reden und Handeln dürfen nicht auseinanderklaffen, weil wir sonst unglaubwürdig werden in unserem Verhalten. Die Einsichten, welche Kräfte und Hemmungen unser Leben wirklich bestimmen, sind Schritte zur Autonomie. Unsere Lebensprobleme bestehen in Verhältnissen, die uns hindern, ein sinnvolles Leben zu führen. Es ist das Gefühl der Sinnlosigkeit unseres Lebens.

Wenn man die Frage nach dem Sinn des Lebens ernst nimmt, wendet man sich damit auch an andere.

Im Unterricht gingen wir näher auf das Wittgenstein-Zitat zu Beginn des Schneider-Textes ein. In seinem ›Tractatus logico-philosophicus‹ lehnt Wittgenstein, nach Schneider zu Recht, ein „wissenschaftliches" Reden über unsere Lebensprobleme ab. Er hält sie zwar für äußerst wichtig, verweist sie aber zu Unrecht vom Monopol einer „szientistischen Redeweise" her (ich erläuterte das neo-positivistische Sinnkriterium) in den Bereich der Dichtung oder individuellen Erleuchtung. Dagegen will Schneider mit der Umformulierung der Frage*weise* eine dritte Möglichkeit vernünftigen Redens über unsere Lebensprobleme zeigen. Diesen eher erkenntnis- oder sprachtheoretischen Gesichtspunkt nahmen nur einige Schüler auf, wie auch die zweite Klausur zeigte. Die meisten waren mehr am praktischen Problem der „personalen Lebensform" interessiert, über die wir bereits, ausgehend von Kant (siehe Klausur), gesprochen hatten. Für die konkrete Unterrichtssituation hatte unsere Diskussion über die „personale Lebensform" ein Gespräch über unser eigenes Verhalten im Kurs zur Folge; auch wurden einige „Außenseiter" von ihren Mitschülern aufgemuntert, sich doch näher in unseren Gesprächskreis (das Rechteck der Arbeitstische) zu setzen. Auch der gemeinsame Besuch eines Vortrags von Habermas in der Universität („Nach Hegel: Philosophie als Platzanweiser und Platzhalter der Wissenschaft"), zu dem etwa zehn Schüler mitkamen, verstärkte die praktischen Bezüge unseres Unterrichts. Habermas redete über Hegel und definierte als neue Aufgabe der gegenwärtigen Philosophie die Vermittlung der „Expertenkulturen" mit der „Alltagspraxis". In unserem anschließenden Kneipengespräch, aber auch noch in der nächsten Philosophiestunde, schimpften die Schüler über den „unverständlichen" Vortrag – immerhin hatten sie mitbekommen, daß Habermas doch gerade „vermitteln" wollte. Mein Erklärungsversuch, daß man zwischen der Erwähnung (Erläuterung) eines Wortes oder einer Behauptung und der Verwendung in der Darstellungsform eben dieses Darstellungsinhaltes unterscheiden müsse ("mention" und "use"), schien kaum jemanden zu überzeugen. Die Schüler pochten (auch hier) auf eine praktische Einlösung von Theorie bei den Theoretikern selbst – der Wegweiser sollte auch selber den Weg gehen.

7. Was hat die Lerngruppe gelernt?

In der zweiten Klausur stellte ich zwei Aufgaben, die eigenes Denken und Eingehen auf die „Sachautorität" der besprochenen Texte (und Referate) verlangten:

(1) Weshalb kann man nach Wittgenstein über „unsere Lebensprobleme" bzw. den „Sinn des Lebens" nicht reden? Inwiefern kann man nach Schneider doch darüber reden? Nehmen Sie zu beiden Problemlösungen Stellung!

(2) Gibt es für die Handlungs- und Lebensziele der Jugendlichen eine „Autorität des Vorgesetzten" oder eine „Autorität des Wissenden"? Sollte es solche Autoritäten geben? Ziehen Sie auch Schneiders, Adornos und Bocheński's Überlegungen heran!

Nach der Klausur, auf die ich hier aus Raumgründen nicht näher eingehen möchte, waren noch zwei Doppelstunden übrig; die Noten standen inzwischen fest und ein wenig Schulmüdigkeit breitete sich gegen Kursende aus. Die Notengebung für die „laufende Kursarbeit" war nicht ganz unproblematisch verlaufen: die Grenze zwischen „vielen" und „vielen guten" Diskussionsbeiträgen war nicht klar zu ziehen oder für die Schüler nicht immer einsichtig; der Ausgleich für die „Schweiger" durch schriftliche Arbeiten wurde von einigen als Verführung zur Passivität und zum bloßen Mitschreiben kritisiert; auch hätte ich einzelne Schüler nicht deutlich genug über ihren „Notenstand" informiert. Ich korrigierte zwar in einigen Fällen meine Noten, wies aber auch auf das Dilemma der Notengebung gerade in einem Philosophieunterricht hin, der nicht auf abfragbares Wissen ausgerichtet ist und eher auf freiwilliges Arbeiten vertraut. Wir hatten uns im Kursus darauf geeinigt, daß jeder *seine* Form der Mitarbeit selber wählen dürfe, mit allen damit verbundenen Risiken. Wenn es um Noten (und Scheine) geht, kommt doch gegenüber der Forderung nach „Autonomie" und freiwillig akzeptierter „Sachautorität" die Institution Schule mit ihrem Effektivitäts- und Kontrollzwang sowie mit der „Rollenautorität" des Lehrers wieder stärker zur Geltung, trotz allen gemeinsamen Philosophierens. Wir haben über diesen Konflikt gerade bei unserem speziellen Thema im Philosophieunterricht häufiger gesprochen, um nicht naiv von unseren konkreten Rahmenbedingungen abzusehen. Im Kurs war natürlich nicht immer die reine „Liebe zur Weisheit" und der Philosophierenden untereinander zu spüren; und auch mein „pädagogischer Eros" ging gelegentlich in Routine oder Müdigkeit unter.

Über die „Lerngeschichte" der Schüler belehrten mich diese selber: ich sollte doch nicht meinen, daß sich Lernerfolg in Philosophie durch Tests, Protokolle oder mündliches Abfragen kontrollieren ließen; jeder lerne im Unterricht etwas Verschiedenes – und außerdem: ob ich denn glaubte, daß man sich nicht auch sonst mit den besprochenen Themen beschäftigte und auch dazu etwas lese? Die (einige) Schüler erwarteten von mir Vertrauen. Mir fällt hierzu in der Rückschau Otto Friedrich Bollnows Buch ›Existenzphilosophie und Pädagogik‹ (1959) ein. Bollnow kritisiert dort das Konzept einer Pädagogik, die von der stetigen Bildsamkeit des Zöglings ausgeht, entweder nach der Analogie des handwerklichen Tuns durch mechanische Vorkehrungen (im Zuge einer -platten- Aufklärung) oder nach Analogie des organischen Wachstums durch „Hege und Pflege" (im Zuge der Romantik). Bollnow macht dagegen aus der Sichtweise der Existenzphilosophie auf die Brüche und Sprünge im menschlichen Zusammenleben und pädagogischen Handeln aufmerksam und auf die notwendige, aber zerbrechliche Vertrauensbasis. Bollnows „personalistischer" Ansatz muß sicher um die Analyse der institutionellen und gesellschaftlichen Rahmenbedingungen des Unterrichts ergänzt werden, gewinnt aber durch die neuere erziehungswissenschaftliche Interaktionsforschung wieder an Aktualität (Hurrelmann 1975, S. 179ff.), ebenfalls durch die Betonung der unterrichtlichen „Situationsvarianz" (König 1978, Bd. III, S. 178ff.) – und er wäre auch aus pädagogischer Praxiserfahrung zu gewinnen. Auch die „Kontingenz" philosophischer Lehr-Lernprozesse läßt sich am ehesten aus der Praxis selbst erfahren.

Unsere beiden letzten Doppelstunden zwischen Notenfestlegung und neuem Kursbeginn füllten eine „Fromm-Lesung" und eine „Experten-Diskussion" aus. (Der kritische Fachseminarleiter oder Referendarsausbilder „erkennt sofort": typische Stundenfüllsel.) Der Schüler, der anfangs unbedingt Fromms ›Psychoanalyse und Ethik‹ besprochen haben wollte, konnte nun endlich zum Zuge kommen. Peter las uns seitenweise aus dem Buch vor und ließ sich auch durch wiederholte Zwischenfragen und Diskussionswünsche nicht von seiner Lesung abbringen: er könne Fromm nicht besser referieren, als dieser schreibe, und er wolle uns „auf den Geschmack bringen". Vielleicht waren die Schüler verblüfft, vielleicht auch etwas zu müde, um eine energische Diskussion über „Rollenautorität" des „Referenten" zu führen.

In der letzten Doppelstunde ärgerten sich die Schüler über einen Artikel, den ich ihnen aus einer Tageszeitung mitgebracht hatte: ›Prof. Thielicke und die Krise bei den Jugendlichen‹. Er lautete:

„Die Jugend hat keine Ideale, keine Leitbilder mehr. In den Köpfen der jungen Generation spuken vielmehr Idole. Und das sind Profi-Beinakrobaten, Westernhelden und Sexappeal-Figuren." So erklärte Dr. Dr. Helmut Thielicke die Identitätskrise vieler Jugendlicher von heute. Der Hamburger Theologie-Professor behandelte das Thema gestern vor rund 800 Mitgliedern und Gästen des Übersee-Clubs im Hotel Atlantic.

„Aus dem kleinen Musterkatalog ist zu ersehen, daß das Idol kein Leitbild mehr für das Ganze des Menschen, sondern nur für einen Teil sein kann. Es präsentiert sich zum Beispiel in einem Busen oder in der Dynamik von Fäusten der Gegner in einem Saloon", folgerte Thielicke. Diese Teil-Identifikation führe dazu, daß der Jugendliche die Frage nach dem Sinn des Lebens nicht beantworten könne, einsam sei und unfähig, Leiden zu bewältigen. „Deshalb werden die jungen Fans aggressiv, zertrümmern Fensterscheiben." An den mangelnden Leitbildern, so Thielicke, zeige sich nicht zuletzt der Verlust an Geschichts- und Traditionsbewußtsein. Thielicke sieht hier als Ursache unter anderem ein Versäumnis der Schule: „Geschichtsunterricht ist zugunsten der Gesellschaftslehre zurückgetreten. So kann es heute passieren, wenn man den Namen Bismarck nennt, daß die Assoziation zum Hering näher liegt als zur Reichsgründung."

Beides – Verlust des Geschichtsbewußtseins und der Identitätsverlust – hänge miteinander zusammen, resümierte der Hamburger Professor. Und er machte auch die übermäßige Beschäftigung mit Soziologie, Psychologie und der Emanzipation für die mangelnde Identität von Menschen mit sich selbst verantwortlich.

Einen Hoffnungsschimmer sah Thielicke jedoch bei der Jugend, die im Juni am Kirchentag in Hamburg teilgenommen hat. „Sie ist von den bloßen Ideen und Ideologien hinweggestrebt und hat sich zur biblischen Substanz zurückgetastet, sprich zur Geschichtsmäßigkeit Gottes. Nur in der Friedensfrage blieb sie im Emotional-Utopischen stecken" (Hamburger Abendblatt vom 11. 12. 1981).

Ich stellte ihnen die Aufgabe, in kleinen Gruppen einen (fiktiven) Leserbrief zu schreiben. Die meisten fanden den Text aber „einfach zu blöd" und weigerten sich, ernsthaft auf Thielickes Thesen einzugehen. Als ein Junge mich selber in das Foto Prof. Thielickes (ernsthaft? spaßhaft?) einzeichnete, kam mir die Idee, seine Rolle tatsächlich anzunehmen und in einer „Experten-Diskussion" seine Thesen gegenüber den Schülern zu verteidigen. Die Verteidigung seiner Thesen fiel mir aber nicht leicht, zumal wir ja nicht den vollständigen Text seines Vortrages kannten. Besonders hartnäckig fragten die Schüler nach, ob man aus der Geschichte heraus „die Frage nach dem Sinn des Lebens" beantworten könne, ob die Theologen, die Kirche eine sichere Antwort geben könnten und warum „ich" meinen Vortrag gerade im Hotel Atlantic gehalten hätte.

Nachdem die Noten längst feststanden, gab mir ein Mädchen (Christine) einen „Essay" zu einem selbstgestellten Thema (im Anschluß an den Schneider-Text) zu lesen:

Es stellt sich mir die Frage, wie man Menschen gegenübertritt, die nicht personal handeln, weil sie das für unbequem halten und/oder auch gar nicht das Interesse haben, auf andere Menschen einzugehen und dadurch überhaupt die Basis für Freundschaften zu schaffen. Diese Menschen handeln aus Klugheit und nicht aus moralischen Gründen. Sie orientieren sich in ihrem Handeln an den Folgen. Und um dies am Beispiel der unterlassenen Hilfeleistung festzumachen: Jemand ist sich sicher, daß niemand davon erfährt, wenn er dem Verunglückten nicht hilft, und fährt vorbei. Er sagt sich also: „Es hat ja keiner gesehen" und ist sich bei dieser Überlegung nicht darüber im klaren, daß es unwichtig ist, ob jemand von der Schandtat erfährt, daß die Zerstörung der personalen Lebensform mit dem Akt der unterlassenen Hilfeleistung selbst vollzogen ist und nicht damit, daß jemand davon erfährt.

Wie tritt man nun solchen Menschen gegenüber, wie macht man ihnen klar, daß sie durch ihr Verhalten die personale Lebensweise zerstören und daß das schlimm ist, wenn sie es selbst nicht sehen und sich auch nicht durch die Zerstörung bestraft fühlen?

Wie macht man jemandem klar, daß er in dem Moment, in dem er einem hilflosen Menschen die Hilfe verweigert, etwas in sich selbst zerstört, wenn er das nicht selbst erkennt? Wie kann man ihm dann noch helfen?

Und wie macht man einem Kind, das in einem Laden geklaut hat, klar, daß es damit das personale Verhältnis zerstört hat, auch wenn es keiner gesehen hat. Wie erklärt man ihm das, wenn es nicht selbst zur Einsicht kommt?

Die Frage besteht einfach darin, ob man als „Zerstörer" der personalen Lebensform die Zerstörung *selber*, von sich aus, ohne Erklärung erkennen muß oder ob man jemandem, der nicht selbst erkennt, durch Erklären den Sachverhalt nahebringen kann. Man könnte ja zu folgender Erklärung ansetzen:

„Die personale Lebensform besteht darin, daß Du auch in Deinem Handeln die Bedürfnisse anderer Menschen wichtig nimmst und darauf eingehst. Indem Du aber klaust oder einem hilflosen Menschen die Hilfe verweigerst, zerstörst Du diese personale Lebensform und damit veränderst Du auch das Verhältnis, das Du zu Dir selbst und Deinem Leben hast. Du kannst Dein Leben nun nicht mehr als eins sehen, das die personale Lebensform verwirklicht."

Ich glaube nicht, daß allein aufgrund einer solchen Erklärung jemand, der nicht von sich selbst aus erkennt, nun alles erfassen wird. Ich glaube, daß die Voraussetzung dafür, daß man jemandem mit einer Erklärung alles deutlich machen kann, darin bestehen muß, daß derjenige die Zerstörung in sich fühlt. Wenn man sie nicht fühlt, ist man auch nicht offen für eine derartige Erklärung.

Wie kann man aber die Voraussetzung dafür schaffen, sinnvoll zu leben, wenn viele Menschen nicht die personale Lebensform verwirklichen und man ihnen auch nicht durch Erklärung näherbringen kann, was es bedeutet, so zu handeln, wie sie es tun und wie wichtig es ist, anders zu handeln?

Es stellt sich mir aber noch eine Frage: ich gehe einmal davon aus, daß es das Bedürfnis eines jeden Menschen ist, nicht belogen zu werden und von anderen Menschen Ehrlichkeit entgegengebracht zu bekommen. D. h. also, daß man, wenn man die personale Lebensform verwirklichen will, ehrlich zu anderen Menschen sein soll und auch sein will. Nun frage ich mich aber in manchen Situationen, ob es nicht besser ist, jemanden etwas zu verschweigen (was ja auch unehrlich ist), weil das vielleicht besser für alle Beteiligten wäre. Würde das Verschweigen, obwohl es vielleicht besser ist, eine Zerstörung der personalen Lebensform bedeuten? Ich glaube nicht, daß man pauschal sagen kann: Lügen bedeutet die Zerstörung der personalen Lebensweise und muß deswegen vermieden werden. Man muß sicher einzelne Fälle gesondert betrachten. Aber wonach entscheidet man dann?"

Als ich diesen Text einem Kollegen vom Philosophischen Seminar vorlas, sagte er spontan: „Das Mädchen sollte bald an unser Seminar kommen; die hat ja die platonische Frage ‚Ist Tugend lehrbar' gestellt!" Sollte sie wirklich dorthin kommen, und hat sie wirklich *diese* Frage gestellt? Wo und wie könnte sie am besten weiterdenken? Welche Hilfe könnte ein Lehrer ihr geben? Wie kann man gemeinsam, neu mit den Schülern philosophieren lernen? Ist *philosophische Praxis* in der Schule, an der Universität oder anderen Lernorten möglich?

LITERATURVERZEICHNIS

Das Verzeichnis entschlüsselt nur die im Text zitierten Stellen.
Weitere Literatur siehe in Martens (1979) und Vogel/Stiegler (1980);
Abkürzung: ZDP = Zeitschrift für Didaktik der Philosophie.

Achenbach, Gerd B./Lorenzen, Arnold K. D. [1982a]: Der Philosoph als Freiberufler. In: ZDP 3 (1982), S. 176–180 (siehe derselbe = Böttcher, G.).

Achenbach, Gerd B. [1982b]: „Philosophie nach Tisch" – oder: Wer ist Philosoph? In: ZDP 4 (1982), S. 237–242.

Adorno, Theodor W. [1957/58]: Vorlesung zur Einleitung in die Erkenntnistheorie. Universität Frankfurt WS 1957/58. Frankfurt a. M. o. J. (Junius-Drucke).

Adorno, Theodor W. (1966): Negative Dialektik. Frankfurt a. M.

Adorno, Theodor W. [1969]: Tabus über dem Lehrberuf (1965). In: Ders., Stichworte, Kritische Modelle 2. Frankfurt a. M.

Adorno, Theodor W. [1973]: Erziehung zur Mündigkeit. Vorträge und Gespräche mit Helmut Becker 1959–1969. Hrs. von G. Kadelbach. Frankfurt a. M.

Adorno, Theodor W. [1973/74]: Philosophische Terminologie. Zur Einleitung. 2. Bde. Frankfurt a. M.

Aebli, Hans [1981]: Denken: das Ordnen des Tuns. 2 Bde. Stuttgart.

Annis, David/Annis, Linda [1979]: Does Philosophy Improve Critical Thinking? In: Teaching Philosophy, Vol. III, No. 2 (1976), S. 145–152.

Ausubel, David P. [1974]: Psychologie des Unterrichts. Weinheim.

Baacke, Dieter [²1979]: Die 13- bis 18jährigen. München.

Bahro, Rudolf [1977]: Die Alternative, Zur Kritik des real existierenden Sozialismus. Köln.

Bakunin, Michail [1974]: Staatlichkeit und Anarchie und andere Schriften. Hrsg. u. eingeleitet von H. Stuke. Frankfurt a. M./Berlin/Wien.

Ballauff, Theodor [1956]: Philosophieunterricht in der höheren Schule. In: Zeitschrift für philosophische Forschung X (1956). S. 411–422.

Ballauff, Theodor [1982]: Bemerkungen zur Philosophie als Thema in der universitären Erwachsenenbildung. In: ZDP 1 (1982), S. 60f.

Baumgartner, Hans Michael/Höffe, Otfried/Wild, Christopher (Hrsg.) [1974]: Philosophie – Gesellschaft – Planung. München.

Biermann, Milton L. [1976]: A Pilot Study in the teaching of logic. Research conclusions. In: Metaphilosophy Vol. III (1976), S. 34–39.

Blankenburg, Martin [1980]: Philosophie als Institution. Wandlungen im Selbstverständnis der deutschen bürgerlichen Philosophie im 20. Jahrhundert. In: B. Heidtmann (Hrsg.), Orientierungen der Philosophie. Dialektik 1. Köln, S. 109–125.

Blankertz, Herwig [1969]: Theorien und Modelle der Didaktik. München.

Blankertz, Herwig [1982]: Die Geschichte der Pädagogik. Von der Aufklärung bis zur Gegenwart. Wetzlar.

Böhme, Gernot/Engelhardt, Michael von (Hrsg.), [1979]: Entfremdete Wissenschaft. Frankfurt a. M.

Bönsch, Manfred [1975]: Beiträge zu einer kritischen und instrumentellen Didaktik. München.

Böttcher, Gerd [1981]: „Selbstverwirklichung" oder: „Die Lust und die Notwendigkeit". Amplifikation eines Hegelschen Kapitels aus der „Phänomenologie des Geistes". Phil. Diss. Gießen (siehe auch ders.: Achenbach, Gerd B.).

Bollnow, Otto Friedrich [1959]: Existenzphilosophie und Pädagogik. Stuttgart.

Bolz, Norbert W. (Hrsg.) [1982]: Wer hat Angst vor der Philosophie? Eine Einführung in Philosophie. München/Wien/Zürich.

Bopp, Jörg [1981]: Trauer-Power. Zur Jugendrevolte 1981. In: Kursbuch 65. Der große Bruch – Revolte 81. Berlin.

Brezinka, Wolfgang [1971]: Von der Pädagogik zur Erziehungswissenschaft. Weinheim/Basel. (Neuausgabe 1978: Metatheorie der Erziehung)

Brück, Horst [1978]: Die Angst des Lehrers vor seinem Schüler. Zur Problematik verbliebener Kindlichkeit in der Unterrichtsarbeit des Lehrers – ein Modell. Reinbek bei Hamburg.

Brüning, Barbara [1981]: Marxismus und Leninismus als „Jedermanns-Philosophie" im Bildungssystem der DDR. In: ZDP 3 (1981), S. 166–170.

Bruner, Jerome S. [1973]: Der Akt der Entdeckung. In: H. Neber, (Hrsg.): Entdeckendes Lernen. Weinheim, S. 15–27.

Bubner, Rüdiger [1980]: Dialog und Dialektik oder Plato und Hegel. In: Ders.: Zur Sache der Dialektik. Stuttgart, S. 124–160.

Bynum, Terrell Ward/Reisberg, Sidney (Hrsg.) [1977]: Teaching Philosophy Today. Bowling Green, Ohio.

Cassirer, Ernst [1932]: Philosophie der Aufklärung. Tübingen.

Deicke, Wolf [1979]: Philosophieunterricht in Hamburg. In: ZDP 2 (1979), S. 111–112.

Derbolav, Josef [1964]: Selbstverständnis und Bildungssinn der Philosophie. In: Ders. (Hrsg.): Die Philosophie im Rahmen der Bildungsaufgabe des Gymnasiums. Heidelberg, S. 7–40.

Detel, Wolfgang [1972]: Platons Beschreibung des falschen Satzes im Theätet und Sophistes. Göttingen.

Detel, Wolfgang [1973]: Zur Argumentationsstruktur im ersten Hauptteil von Platons Aretedialogen. In: Archiv für Geschichte der Philosophie 55 (1973), S. 1–29.

Detel, Wolfgang/Martens, Ekkehard/Schnädelbach, Herbert [1980]: Grob-Synopse der Studienordnungen und -pläne der Philosophischen Seminare an den Universitäten/Hochschulen der Bundesrepublik. In: ZDP 3 (1980), S. 176–178.

Duerr, Hans Peter, (Hrsg.) [1981]: Der Wissenschaftler und das Irrationale. 2 Bde. Frankfurt a. M.

Elzer, Hans-Michael/Frey, Gerhard/Menne, Albert (Hrsg.) [1980]: Philosophie in der Bildungskrise der Gegenwart. St. Augustin.

Emsbach, Michael [1980]: Sophistik als Aufklärung. Untersuchungen zu Wissenschaftsbegriff und Geschichtsauffassung bei Protagoras. Würzburg.

Engelhardt, Michael von [1979]: Das gebrochene Verhältnis zwischen wissenschaftlichem Wissen und pädagogischer Praxis. In: Böhme/v. Engelhardt 1979, S. 87–113.

Engert, Ulrike/Klein, Dieter/Mohr, Inge [1976]: Die Motivation für Philosophie. In: Golz, Walter u. a. (Hrsg.), Wozu heute Philosophie? Versuch einer Ortsbestimmung in der Lehrerbildung. Bad Heilbrunn/Obb., S. 137–154.

Engfer, Hans-Jürgen (Hrsg.) [1978]: Philosophische Aspekte schulischer Fächer und pädagogischer Praxis. München/Wien/Baltimore.

Ferber, L. v. [1979]: Sozialdialekte in der Medizin. Das Sprachverhalten von Laien, Praktikern und Wissenschaftlern. In: Böhme/v. Engelhardt, S. 29–55.

Fey, Eduard (Hrsg.) [1978]: Beiträge zum Philosophie-Unterricht in europäischen Ländern. Münster.

Fichte, Johann Gottlieb [1971]: Werke, Bd. I, hrsg. von Immanuel Hermann Fichte. Berlin.

Freire, Paolo [1973]: Pädagogik der Unterdrückten. Reinbek bei Hamburg.

Friedländer, Paul [1928–1930]: Platon. 3 Bde. Berlin.

Gaiser, Konrad [1963]: Platons Ungeschriebene Lehre. Studien zur systematischen und geschichtlichen Begründung der Wissenschaften in der Platonischen Schule. Stuttgart.

Garve, Christian [1974]: Von der Popularität des Vortrages (1776): In: ders., Popularphilosophische Schriften, Im Faksimiledruck hrsg. von Kurt Wölfel. Stuttgart, Bd. 2, S. 1039–1066.

Gatzemeier, Matthias [1982]: Anthropologie der Frau – ein nicht nur genuines, sondern auch notwendiges Thema der Philosophie. In: ZDP 1 (1982), S. 4–13.

Geldsetzer, Lutz [1974]: Traditionelle Institutionen philosophischer Lehre und Forschung. In: Baumgartner/Höffe/Wild (Hrsg.), S. 28–48.

Glatzel, Martin [1980]: Philosophie für Kinder- oder: Harry Stottlemeiers Motivation zum Philosophieren. In: ZDP 2 (1980), S. 85–88.

Glatzel, Martin/Martens, Ekkehard (Hrsg.) [1982]: Philosophieren im Unterricht 5–10. München/Wien/Baltimore.

Golecki, Reinhard [1979]: Ethisches Argumentieren – 2 Stundenentwürfe. In: ZDP 1, 1979, S. 18–23.

Habermas, Jürgen [1971a]: Vorbereitende Bemerkungen zu einer Theorie der kommunikativen Kompetenz. In: Ders./Luhmann, Niklas: Theorie der Gesellschaft oder Sozialtechnologie. Frankfurt a. M.

Habermas, Jürgen [1971b]: Wozu noch Philosophie? In: Ders., Philosophisch-politische Profile, Frankfurt a. M. 1971, S. 11–36.

Habermas, Jürgen [1981]: Theorie des kommunikativen Handelns. 2 Bde. Frankfurt a. M.

Harenburg, Jan/Seeliger, Gerd [1979]: Transformationsprozesse in der Rechtssprechung. Eine Untersuchung von Rechtsanwalt/Klienten-Gesprächen. In: Böhme/v. Engelhardt, S. 56–84.

Haug, Wolfgang Fritz [1981]: Orientierungsversuche materialistischer Philosophie. In: Das Argument 128. Berlin.

Heckmann, Gustav [1981]: Das sokratische Gespräch. Erfahrungen in philosophischen Hochschulseminaren. Hannover.

Heintel, Peter [1972]: Didaktik der Philosophie. In: H.-D. Klein/Oeser E. (Hrsg.), Geschichte und System. Festschrift für Erich Heintel zum 60. Geburtstag. Wien/München, S. 234–252.

Heintel, Peter [1978]: Modellbildung in der Fachdidaktik. Eine philosophisch-wissenschaftstheoretische Untersuchung. Klagenfurt.

Heintel, Peter [1979]: Fachdidaktik Philosophie. In: ZDP 1 (1979), S. 8–15.

Heintel, Peter [1980]: Thesen zum Problem der Motivation: Konsequenzen für den Philosophieunterricht. In: ZDP 2 (1980), S. 69–76.

Heintel, Peter [1981]: Briefwechsel zu Martens (1979), in: ZDP 2 (1981), S. 107f.

Heintel, Peter/Macho, Thomas [1981]: Zur Voraussetzungsproblematik des Systems der Grundsätze des reinen Verstandes und ihre Bedeutung für einen neuzeitlichen Wissenschaftsbegriff. In: Heidemann, Ingeborg/Ritzel, Wolfgang (Hrsg.): Beiträge zur Kritik der reinen Vernunft 1781–1981, S. 161–181. Berlin/New York.

Heintel, Peter [1982]: Explizite und implizite Didaktik in Hegels System. In: Nagl-Docekal, H. (Hrsg.), Überlieferung und Aufgabe. Festschrift für Erich Heintel zum 70. Geb. Wien. S. 87–105.

Heintel, Peter/Macho, Thomas [1983]: Noch einmal: Konstitutive Philosophiedidaktik. In: ZDP 1 (1983), S. 3–10.

Henstra, R. K. [1980]: Besprechung von Martens (1979). In: Contactblad van de Vereniging voor Filosofie Onderwijs. 9. Jg., Nr. 4, Okt. 1980. (rood) S. 65–86.

Hentig, Hartmut von [1973]: Die Wiederherstellung der Politik. Stuttgart/München.

Hermann, Horst [1981]: Gedanken ohne Inhalt sind leer, Anschauungen ohne Begriffe sind blind. Die „Kritik der reinen Vernunft" im Unterricht. In: ZDP 2 (1981), S. 88–94.

Herrmann, Berndt [1978]: Theodor W. Adorno. Seine Gesellschaftstheorie als ungeschriebene Erziehungslehre. Bonn.

Heydorn, Heinz-Joachim [1979/80]: Bildungstheoretische Schriften. Bd. 1–3. Frankfurt a. M.

Höffe, Otfried [1979]: Ethik als Schulunterricht. In: ZDP 3 (1979), S. 124–131.

Holzapfel, Heinrich [1976]: Philosophie in der reformierten gymnasialen Oberstufe. In: Aufgaben und Wege des Philosophieunterrichts N.F. 9 (1976), S. 1–4.

Holzhey, Helmut/Zimmerli, Walter Ch. (Hrsg.) [1977]: Esoterik und Exoterik der Philosophie. Basel/Stuttgart.

Holzhey, Helmut [1977]: Der Philosoph für die Welt – eine Chimäre der deutschen Aufklärung? In: Holzhey/Zimmerli (Hrsg.) [1977] S. 117–138.

Horkheimer, Max [1967]: Zur Kritik der instrumentellen Vernunft. Frankfurt a. M.

Horkheimer, Max/Adorno, Theodor W. [1969]: Dialektik der Aufklärung. Frankfurt a. M.

Hornstein, Walter u. a., Hersg. [1982]: Jugend ohne Orientierung? Zur Sinnkrise der gegenwärtigen Gesellschaft. München/Wien/Baltimore.

Hurrelmann, Klaus [1975]: Erziehungssystem und Gesellschaft. Reinbek bei Hamburg.

Jugend '81. Lebensentwürfe, Alltagskulturen, Zukunftsbilder. Jugendwerk der Deutschen Shell. Bd. 1 und 2. Opladen.

Kaiser, Hermann-Josef [1969]: Statistische Analyse des Vorverständnisses einiger philosophischer Begriffe. In: Didactica (3. Jg.), Wuppertal, 1969, S. 272–288.

Kambartel, Friedrich [1979]: Thesen zur „didaktischen Rücksichtnahme". In: ZDP 1 (1979), S. 15–17.

Kaplan, Abraham [1977]: The Travesty Of The Philosophers. In: Bynum/Reisberg, 1977, S. 7–12 (zuerst 1970).

Klafki, Wolfgang [1972]: Didaktik. In: Historisches Wörterbuch der Philosophie, Bd. 2, Basel/Stuttgart, Sp. 233–235.

Klemm, Günther [1978]: Geschichte des deutschen Philosophie-Unterrichts. In: Fey (1978), S. 57–104.

KMK-Vereinbarung 1972: Vereinbarung zur Neugestaltung der gymnasialen Oberstufe in der Sekundarstufe II. Mit einem einführenden Bericht, am 7. Juli 1972 von der Ständigen Konferenz der Kultusminister der Länder in der Bundesrepublik Deutschland beschlossen. Neuwied.

Köck, Peter (Hrsg.) [1979]: Modelle zum Ethikunterricht. Donauwörth.

Köhler, Bernd/Schreier, Helmut [1982]: Philosophie in der Grundschule. In: ZDP 3 (1982), S. 166–175.

König, Eckard [1975–1978]: Theorie der Erziehungswissenschaft. 3 Bde. München.

Kommer, Albert/Lorenzen Arnold K. D. u. a. [1981]: Philosophie als Thema in der universitären Erwachsenenbildung. Begriffliche und didaktische Grundüberlegungen, Berichte und Materialien. Mit Beiträgen von A. Kommer, A. K. D. Lorenzen, E. Martens, K. Neumann, W. Schmidt, W. Schneider, H. Ströbel. Hannover (hrsg. vom Arbeitskreis Universitäre Erwachsenenbildung, AUE).

Krathwohl, David R./Bloom, Benjamin S./Masia, Bertram S. [1975]: Taxonomie von Lernzielen im affektiven Bereich. Weinheim/Basel (engl. 1964).

Krecher, Fritz [1929]: Die Entstehung der sokratischen Unterrichtsmethode. Ein Beitrag zur Geschichte der Didaktik. Inaugural-Dissertation zur Erlangung der Doktorwürde der Hohen philosophischen Fakultät der Friedrich-Alexander-Universität Erlangen. Kulmbach.

Kuhn, Thomas S. [1962]: The Structure of Scientific Revolutions. Chicago. (dt. Die Struktur wissenschaftlicher Revolutionen. Frankfurt a. M. 1967. 2. rev. Ausg. 1969 bzw. 1976).

Lassahn, Rudolf [1972]: Zum Philosophieunterricht an Gymnasien. In: Aufgaben und Wege des Philosophieunterrichts 4 (1972), S. 1–20.

Lichtenberg, Georg Christoph [^{2}1975]: Schriften und Briefe. Hrsg. von W. Promies. Bd. 1: Sudelbücher I. München.

Liebert, Arthur [1927]: Die Philosophie in der Schule. Berlin-Charlottenburg.

Lipman, Matthew [1976]: Philosophy for Children. In: Metaphilosophy, Vol. 7, No. 1 (1976), S. 18–33.

Lipman, Matthew/Sharp, Ann Margaret [1978]: Growing up with Philosophy. Philadelphia.

Lipman, Matthew/Sharp, Ann Margaret/Oscanyan, Frederick S., [^{2}1980]: Philosophy in the Classroom. Philadelphia.

Lorenzen, Arnold K. D./Martens, Ekkehard [1982]: Philosophiedidaktik in der Bundesrepublik. Ein Situationsbericht. In: Information Philosophie 1 (1982), S. 2–6.

Lübbe, Hermann (Hrsg.) [1978]: Wozu Philosophie? Stellungnahmen eines Arbeitskreises. Berlin/New York.

Malter, Rudolf [1981]: Philosophieunterricht nach zetetischer Methode. In: ZDP 2 (1981), S. 63–78.

Marquard, Odo/Stierle, Karlheinz (Hrsg.) [1979]: Identität. München.

Martens, Ekkehard [1973]: Das selbstbezügliche Wissen in Platons ‚Charmides'. München.

Martens, Ekkehard [1974]: Konsenstheoretische Philosophiedidaktik am Modell eines Einführungskurses. In: Aufgaben und Wege des Philosophieunterrichts 7 (1974), S. 2–21.

Martens, Ekkehard u. a. (Hrsg.) [1975]: Diskussion – Wahrheit – Handeln. Hannover.

Martens, Ekkehard (Hrsg.) [1977]: Platon, Charmides, griechisch und deutsch. Stuttgart.

Martens, Ekkehard (Hrsg.) [1978]: Was heißt Glück? Hannover.

Martens, Ekkehard [1979]: Dialogisch-pragmatische Philosophiedidaktik, Hannover.

Martens, Ekkehard [1980]: Kinderphilosophie – oder: Ist Motivation zum Philosophieren ein Scheinproblem? In: ZDP 2 (1980), S. 80–84.

Martens, Ekkehard [1980 b]: Gegenwärtige Philosophie. In: E. von Aster, Geschichte der Philosophie. 17. Aufl. durchgesehen u. ergänzt von E. Martens. Stuttgart, S. 430–461.

Martens, Ekkehard (Hrsg.) [1981 a]: Platon, Theätet, griechisch und deutsch. Stuttgart.

Martens, Ekkehard [1981 b]: Amerikanische Pragmatisten: Peirce, James, Dewey, In: O. Höffe (Hrsg.), Klassiker der Philosophie, Bd. II, München, S. 225–250.

Martens, Ekkehard [1983 a]: Was ist und soll Pseudophilosophie? Klagenfurter Beiträge zur Philosophie. Hrsgg. von Th. Macho und Chr. Subik. Wien. (im Druck)

Martens, Ekkehard (Hrsg.) [1983 b]: Das Wahrheitsgebot oder: Muß man immer die Wahrheit sagen? Arbeitstexte für den Unterricht. Sekundarstufe I. Stuttgart.

Matthews, Garreth B. [²1982]: Philosophy and the Young Child. Cambridge /M.

Mittelstraß, Jürgen [1981]: Platon. In: O. Höffe (Hrsg.), Klassiker der Philosophie. Bd. 1, S. 38–62. München.

Mittelstraß, Jürgen [1982]: Versuch über den Sokratischen Dialog. In: ders., Wissenschaft als Lebensform. Frankfurt a. M.

Moravcsik, J. M. E. [1979]: Understanding and knowledge in Plato's Philosophy. In: neue hefte für philosophie 15/16 (1979), S. 53–69.

Mostert, Pieter [1981]: (P_4C =Philosophy *for* Children): Remedie voor het onderwijs? In: Filosofie & Praktijk, 2. Jg., Heft 1 (1981), S. 38–43.

Müller, Heinz/Müller, Roland [1980]: Philosophieunterricht als Lebenshilfe? Befragung zu den Schülererwartungen. In: ZDP 2 (1980), S. 101–104.

Nancy, Jean Luc [1982]: Die Bestimmung von Philosophie. In: Bolz (Hrsg.), S. 243–264.

Natorp, Paul [1903]: Platos Ideenlehre. Eine Einführung in den Idealismus. Hamburg.

Nordhofen, Eckhard [1981]: Armut und Reichtum. Ein Vorschlag zur Spracherweiterung in didaktischer Absicht. In: ZDP 1 (1981), S. 6–13.

Oelmüller, Willi/Dölle, Ruth (Hrsg.) [1977ff.]: Philosophische Arbeitsbücher. Paderborn.

Patzig, Günther [1968]: Platon und das Problem des Irrtums. In: Neue Sammlung 8 (1968), S. 44–56.

Pohlenz, Max [³1964]: Die Stoa. Geschichte einer geistigen Bewegung. Göttingen.

Popper, Karl Raimund [1957]: Die offene Gesellschaft und ihre Feinde. Erster Band. Der Zauber Platons. Bern (engl. 1945).

Püllen, Karl [1958]: Die Problematik des Philosophieunterichts an Höheren Schulen. Düsseldorf.

Raabe, Paul [1979]: Aufklärung durch Bücher. Der Anteil des Buchhandels an der kulturellen Entfaltung in Deutschland 1764–1790. In: Raabe, P./Schmidt-Biggemann, W., Aufklärung in Deutschland. Bonn, S. 87–104.

Raasch, Rudolf [1968]: Schulphilosophie und Weltanschauung. Ein empirischer Beitrag zu Fragen der philosophischen und allgemeinen Bildung. Weinheim/Berlin.

Raupach-Strey, Gisela [1977]: Philosophie-Unterricht als Interaktion. Zur Praxis des philosophischen Unterrichtsgesprächs. In: Aufgaben und Wege des Philosophieunterrichts, 10 (1977), S. 1–16.

Reble, Albert [⁸1965]: Geschichte der Pädagogik. Stuttgart (¹1951).

Regenbogen, Armin [1979]: Über einen Versuch, das moralische Urteilsniveau bei Schülern zu testen. In: ZDP 3 (1979), S. 141–145.

Rehfus, Wulff D. [1980]: Didaktik der Philosophie. Düsseldorf.

Rehfus, Wulff D. [1981]: Anmerkungen zum philosophiedidaktischen Disput. In: ZDP 1 (1982), S. 54–58 [= zu Martens (1979)].

Renda, Ernst-Georg [1981]: Philosophie im Gymnasium. Zur Entwicklung eines Unterrichtsfaches in der Bundesrepublik Deutschland. Frankfurt a. M.

Richert, Hans [1920]: Die deutsche Bildungseinheit und die höhere Schule. Ein Buch von deutscher Nationalerziehung. Tübingen.

Richert, Hans [1922]: Weltanschauung. Ein Führer für Suchende. Leipzig.

Riegels, Dieter [1983]: Philosophieunterricht und Bildungspolitik. Zur Argumentation von Rehfus und Martens. In: ZDP 1 (1983), S. 48–51 [= zu Martens (1979)].

Robinsohn, Saul B. [1972]: Bildungsreform als Revision des Curriculum und Ein Strukturkonzept für Curriculumentwicklung. Neuwied/Berlin.

Rohbeck, Johannes [1981]: Hegels Didaktik der Philosophie. In: Dialektik 2. Hegel-Perspektiven seiner Philosophie heute. Red. B. Heidtmann. Berlin 1981, S. 122–137.

Ross, Gregory/Semb, George [1981]: Philosophy *Can* Teach Critical Thinking. In: Teaching Philosophy, Vol. 4, No. 2 (1981), S. 111–122.

Rucht, Dieter [1979]: Erwachsen werden. Identitätsprobleme von Gymnasiasten. München.

Ryle, Gilbert [1969]: Der Begriff des Geistes. Stuttgart (The Concept of Mind, 1949).

Schäfer, Wolf [1979]: Proletarisches Denken und Kritische Wissenschaft (I). In: Böhme/v. Engelhardt 1979, S. 177–220.

Schiller, Ferdinand Canning Scott [1908]: Plato or Protagoras? In: Mind, N. S. 17 (1908), S. 518–526.

Schmucker-Hartmann, Josef [1980]: Grundzüge einer Didaktik der Philosophie. Bonn.

Schnädelbach, Herbert [1979]: Über historische Aufklärung. In: Allgemeine Zeitschrift für Philosophie 2 (1979), S. 17–36.

Schnädelbach, Herbert [1981]: Morbus hermeneuticus – Thesen über eine philosophische Krankheit. In: ZDP 1 (1981), S. 3–6.

Schulz, Wolfgang [1980]: Unterrichtsplanung. München/Wien/Baltimore (^{3}1981).

Seech, Zachary [1981]: RET: An Informal Method of Evaluating Reasoning. In: Teaching Philosophy, Vol. 4, No. 2 (1981), S. 145–150.

Snell, Bruno [1924]: Die Ausdrücke für den Begriff des Wissens in der vorplatonischen Philosophie. Berlin.

Specht, Rainer (Hrsg.) [1979]: Rationalismus. Geschichte der Philosophie in Text und Darstellung, Bd. 5. Hrsg. von R. Bubner. Stuttgart.

Stapel, Wilhelm [1919/1921]: Kants Kritik der reinen Vernunft ins Gemeindeutsche übersetzt, 2 Bde. Hamburg.

Steiner, Hans-Georg (Hrsg.) [1982]: Mathematik – Philosophie – Bildung. Köln.

Steinhardt, Werner [1981]: Textkurs: Einführung in Kants theoretische Philosophie. In: ZDP 2 (1981), S. 95–104.

Stenzel, Julius, 1928: Platon der Erzieher (Neuauflage: Hamburg 1961).

Stopczyk, Annegret/Cantzen, Rolf [1980]: Schülerumfrage: Motivation zum Philosophieunterricht in der Schule. In: ZDP 2 (1980), S. 95–100.

Stüben, Peter [1982]: Diskussionsbeitrag zu: Martens [1979]. In: ZPP 2 (1982), S. 118–120.

Tenbruck, Friedrich H. [1976]: Zur Soziologie der Sophistik. In: neue hefte für philosophie 10 (1976), S. 51–77.

Thomson, George [1961]: Die ersten Philosophen. Berlin.

UNESCO (Ed.) [1953]: The Teaching of Philosophy International Inquiry. Paris.

Vogel, Peter/Stiegler, Ingrid (Hrsg.) [1980]: Bibliographisches Handbuch zum Philosophieunterricht. Einführung in die philosophiedidaktische Diskussion und systematischer Literaturnachweis 1800 bis 1979. Duisburg.

Wieland, Wolfgang [1974]: Praxis und Urteilskraft. In: Zeitschrift für philosophische Forschung, Bd. 2, Heft 1 (1974), S. 17–42.

Wieland, Wolfgang [1976]: Platon und der Nutzen der Idee. Zur Funktion der Idee des Guten. In: Allgemeine Zeitschrift für Philosophie 1 (1976), S. 19–33.

Wieland, Wolfgang [1982]: Platon und die Formen des Wissens. Göttingen.

Wittgenstein, Ludwig [1971]: Philosophische Untersuchungen. Frankfurt a. M.

Zimmerli, Walther Ch. [1978]: Arbeitsteilige Philosophie? In: Lübbe (Hrsg.) [1978], S. 181–212.

Zimmerli, Walther Ch. [1981]: „Schulfüchsische" und „handgreifliche" Rationalität – oder: Stehen dunkler Tiefsinn und Common sense im Widerspruch? In: H. Poser (Hrsg.), Wandel des Vernunftbegriffs. Freiburg i. Br./München. S. 137–176.

PERSONENREGISTER

SACHREGISTER

Aus dem weiteren Programm

6303-1 Aguirre, Antonio F.:
Die Phänomenologie Husserls im Licht ihrer gegenwärtigen Interpretation und Kritik. (EdF, Bd. 175.)
1982. VII, 173 S., kart.
Diese Abhandlung ist eine systematische Auseinandersetzung mit den wichtigsten, auf zentrale Punkte der Husserlschen Phänomenologie zielenden Kritiken. Die Antwort auf diese Einwendungen machte neue Forschungen notwendig, wodurch einige immer noch sehr kontroverse Aspekte des Husserlschen Denkens – Intersubjektivität, Lebenswelt – erhellt werden konnten.

8540-X Kant, Immanuel:
Vorlesungen über die philosophische Religionslehre. (1830)
Hrsg. von K. H. L. Pölitz.
Reprogr. Nachdr. 1982. (IV)XX, 235 S., Gzl.
Inhalt: Vorreden zur ersten und zweiten Auflage (von K. H. L. Pölitz). Einleitung in die philosophische Religionslehre. I. Die Transzendentaltheologie. II. Die Moraltheologie. Anhang: Geschichte der natürlichen Theologie.

8769-0 Kaufmann, Walter:
Nietzsche. Philosoph – Psychologe – Antichrist.
Aus dem Amerikanischen übers. von Jörg Salaquarda.
1982. (II)XXVIII, 562 S., Efalin-Einband.
Der Autor weist nach, wie die frühen Nietzsche-Rezeptionen eine Nietzsche-Legende erzeugt haben, die vom Nationalsozialismus aufgenommen und noch verstärkt worden ist. Die Darstellung zerstört diese Legende und stellt Nietzsche in den Zusammenhang der großen Tradition des Philosophierens.

8542-6 Kaulbach, Friedrich:
Einführung in die Philosophie des Handelns.
1982. XII, 178 S., kart.
In diesem Buch wird zwischen „Praxis" und dem „Handeln" in engerem Sinne des Bewirkens bzw. Veränderns unterschieden. Im Spannungsfeld zwischen den beiden Gestalten des Handelns werden fünf Möglichkeiten der Rationalität aufgewiesen, von denen bei der Erklärung der Grundlagen des Handelns Gebrauch gemacht wird. Transzendentalphilosophische Erörterungen des Entwurfes der Handlungswelt machen die Ermöglichung des Handelns begreifbar.

8547-7 Weimer, Wolfgang:
Schopenhauer. (Erträge der Forschung, Bd. 171.)
1982. XI, 172 S. mit einigen tabellarischen Aufstellungen, kart.
Die vorliegende Untersuchung möchte im Ausgang von Schopenhauers kritischer Beschäftigung mit Kant und Fichte einen systematischen Zugang zu Schopenhauers Philosophie vermitteln und berücksichtigt dabei vor allem die Plausibilität der Argumente vieler seiner Gedanken zu Erkenntnistheorie, Metaphysik, Ästhetik und Ethik.

83/I

WISSENSCHAFTLICHE BUCHGESELLSCHAFT
Hindenburgstr. 40 D-6100 Darmstadt 11